Von der Schule in die Arbeitswelt

Berufliche Qualifikation und Integration von
Menschen mit geistiger Behinderung

von

Thomas Weber

Tectum Verlag
Marburg 2002

Die Deutsche Bibliothek - CIP-Einheitsaufnahme

Weber, Thomas:
Von der Schule in die Arbeitswelt.
Berufliche Qualifikation und Integration von Menschen mit
geistiger Behinderung.
/ von Thomas Weber
- Marburg : Tectum Verlag, 2002
ISBN 978-3-8288-8425-0

© Tectum Verlag

Tectum Verlag
Marburg 2002

Anmerkungen des Verfassers

Der Begriff „geistig behindert" ist m. E. eine medizinische bzw. administrative Bezeichnung, die eine gesellschaftliche Aussonderung dokumentiert.

Dieser Begriff ist aber nicht geeignet, einen Menschen, die Art seiner Behinderung, seine Einschränkungen, seine Fähigkeiten und Möglichkeiten auch nur ansatzweise hinreichend zu beschreiben. Eine damit vielfach einhergehende, unreflektierte Bewertung zur eingeschränkten Bildbarkeit dieser Menschen, wie sie z. B. auch in der Bezeichnung „Praktisch Bildbare" zum Ausdruck kommt, ist nicht statthaft. Auch der sogenannte Mensch mit geistiger Behinderung ist prinzipiell in allen Lebensbereichen bildbar.

Eine Umschreibung mit „Mensch mit Beeinträchtigung" soll diesem Verständnis Ausdruck geben. Dadurch rückt die Person mit ihrer Individualität in den Vordergrund, die auf Grund ihrer Beeinträchtigung einer individuellen, auch pädagogischen Hilfestellung bedarf.

Durch eine Vermeidung des Begriffs „Behinderter" werden dem Menschen dabei nicht die vorhandenen gesellschaftlichen Unzulänglichkeiten als eine Persönlichkeitseigenschaft zugeschrieben. Der Begriff „geistige Beeinträchtigung" soll hier nicht als Bezeichnung für eine isolierte intellektuelle Schädigung gesehen werden. Vielmehr bezeichnet er Auswirkungen auf die ganzheitliche Persönlichkeitsbildung des Menschen. In diesem Sinne soll die Bezeichnung „Mensch mit geistiger Beeinträchtigung" im Rahmen dieser Arbeit verwendet werden.

Mit dem SGB IX etablierten sich neue Begrifflichkeiten. Bei Bezug auf ältere Quellen werden die Originalformulierungen beibehalten, sodass sich eine parallele Verwendung von alten wie neuen Begriffen ergibt. Eine Übersicht der Begriffsänderungen durch das SGB IX befindet sich in Abschnitt 3.5.

Wegen der besseren Lesbarkeit wurden vorwiegend die männlichen Ausdrucksformen verwendet, es versteht sich, dass jedoch stets Menschen beiden Geschlechtes gemeint sind.

Diese Arbeit ist nach den Regeln der neuen deutschen Rechtschreibung verfasst.

An dieser Stelle möchte ich mich ausdrücklich bei allen bedanken, die mich im Laufe dieser Arbeit unterstützten, im besonderen bei denen, die mir in Gesprächen wichtige Informationen und Hinweise gaben – die Verantwortlichen aus den Sonderschulen, der beruflichen Schule, des Berufsbildungsbereiches, der Werkstatt für behinderte Menschen, des Integrationsfachdienstes, der Rehaberatung, des Arbeitsamts, der Lebenshilfe und bei Herrn Prof. Dr. Kurt Jacobs.

Die Offenheit und Bereitschaft zur Zusammenarbeit, die mir diese Menschen entgegenbrachten, motiviert und macht Mut für eine gemeinsame berufliche Zukunft.

Schließlich möchte ich mich noch bei Michael Degenhardt bedanken. Mit seiner Hilfe konnte die vorliegende Arbeit in der Qualität des Textsatzsystems LaTeX 2_ε erscheinen.
Der Verfasser

"That there should one man die ignorant
who had capacity for knowledge,
this I call tragedy."

„Wenn auch nur ein Mensch unwissend stirbt,
der die Fähigkeit zum Lernen hatte,
- das nenne ich eine Tragödie."

THOMAS CARLYLE (1795-1881)[1]

---

[1] zitiert nach: THE NEW INTERNATIONAL WEBSTER'S COMPREHENSIVE DICTIONARY OF THE ENGLISH LANGUAGE, Encyclopedic Edition, 1998, S.1876

Verzeichnis der Abkürzungen

- AA.......Arbeitsamt
- ABM......Arbeitsbeschaffungsmaßnahme
- AT.......Arbeitstraining
- ATB......Arbeitstrainingsbereich (jetzt: Berufsbildungsbereich)
- BA.......Bundesanstalt für Arbeit
- BAG-UB...Bundesarbeitsgemeinschaft Unterstütze Beschäftigung
- BBB......Berufsbildungsbereich (früher: Arbeitstrainingsbereich)
- BBiG.....Berufsbildungsgesetz
- BBD......Berufsbegleitender Dienst
- BBW......Berufsbildungswerk
- BFW......Berufsförderungswerk
- BMA......Bundesministerium für Arbeit und Sozialordnung
- BVJ......Berufsförderungsjahr
- BWHW.....Bildungswerk der hessischen Wirtschaft
- bzw......beziehungsweise
- d.h......das heißt
- ebd......ebenda
- e.V......eingetragener Verein
- f........folgende Seite

- ff......folgende Seiten

- FKAAP....Fachkraft für Außenarbeitsplätze (jetzt: Fachkraft für Integration)

- gGmbH....gemeinnützige Gesellschaft mit beschränkter Haftung

- HMFAS....Hessisches Ministerium für Frauen, Arbeit und Sozialordnung

- HKP......Hessisches Konzeptionspapier

- HwO......Handwerksordnung

- i.d.R....in der Regel

- IFD......Integrationsfachdienst

- LWV......Landeswohlfahrtsverband

- o.g......oben genannte

- PBI......Projekt Berufliche Integration für Menschen mit Behinderungen

- PSD......Psychosozialer Dienst

- SGB IX...Sozialgesetzbuch Neun

- SchwbG...Schwerbehindertengesetz

- u.a......unter anderem

- usw......und so weiter

- u.v.m....und vieles mehr

- vgl......vergleiche

- WfB......Werkstatt für Behinderte (alter Begriff, geändert in: WfbM)

- WfbM.....Werkstatt für behinderte Menschen (Begriff nach SGB IX, vom 01.7.2001)

- z.B......zum Beispiel

- zit......zitiert

- z.T......zum Teil

Inhaltsverzeichnis

Verzeichnis der Abkürzungen   iii

1   Problemstellung und Zielsetzung der Arbeit.   1

2   Übergänge für Jugendliche mit geistiger Behinderung...   4
    2.1   Zum Phänomen Geistige Behinderung. 4
        2.1.1   GEORG FEUSER... 6
        2.1.2   MARTIN HAHN... 7
        2.1.3   WOLFGANG JANTZEN... 9
        2.1.4   J. R. DEVER... 10
        2.1.5   Reflexion der Ansätze / Positionsbestimmung... 11
    2.2   Übergänge sind krisenanfällige Lebensphasen 13
        2.2.1   Von der Kindheit zum Jugendalter... 13
        2.2.2   Spezielle Übergangsprobleme... 16
              2.2.2.1   Das *ewige Kind*... 16
              2.2.2.2   Die Krise der Ablösungsphase... 17
              2.2.2.3   Lebensgestaltende Neuorientierung... 18
                     2.2.2.3.1   Spezifische Entwicklungsaufgaben... . . 18
                     2.2.2.3.2   Wechsel der Tätigkeitsform... 19
                     2.2.2.3.3   Veränderung sozialer Bezugsgrößen... . 20
    2.3   Die Aufgabe der Werkstufe... 21
        2.3.1   Aus Sicht der Unterrichtsrichtlinien... 22
        2.3.2   Aus Sicht der neuen KMK-Empfehlungen... 24
        2.3.3   Das Pforzheimer Modell... 27
        2.3.4   Reflexion/Positionsbestimmung... 30
    2.4   Der Stellenwert von Arbeit... 34
        2.4.1   Nach DIETER SCHARTMANN 34
        2.4.2   Nach WOLFGANG JANTZEN 35
        2.4.3   Nach KURT JACOBS 36
        2.4.4   Resümee der Ansätze 38

INHALTSVERZEICHNIS

3	Innovatorische Ansätze...	39
3.1	Begriffliches	39
3.1.1	Qualifikation / Rehabilitation...	40
3.1.2	Berufliche Integration...	42
3.2	Modelltheoretische Grundlagen	45
3.2.1	Das hessische Konzeptionspapier (HKP)	45
3.2.1.1	Grundsätzliches	45
3.2.1.2	Das Stufenkonzept des HKP	46
3.2.1.3	Fachkraft für Außenarbeitsplätze...	48
3.2.1.4	Das Projekt Berufliche Integration (PBI)...	51
3.2.2	Die Berufsausbildung der *Lebenshilfe*...	55
3.2.3	Das ambulante Arbeitstraining als Hamburger Sonderweg	59
3.3	Orte beruflicher Qualifizierung...	61
3.3.1	Die Werkstatt für behinderte Menschen...	62
3.3.1.1	Reformbestrebungen im Arbeitstrainingsbereich...	64
3.3.1.2	Gruppenleiter im Berufsbildungsbereich	67
3.3.1.3	Das Detmolder Lernwegemodell...	68
3.3.2	Berufliche Unterweisung und Qualifizierung...	71
3.3.2.1	Grundsätzliches	71
3.3.2.2	Der Theorieentwurf von SCHWARZMÜLLER	73
3.3.3	Unterstütze Beschäftigung...	77
3.3.3.1	Unterstützte Beschäftigung – Was ist das eigentlich?	77
3.3.3.2	Erst Platzieren – dann Qualifizieren...	80
3.3.3.3	Umsetzungsstrategien	82
3.3.3.3.1	Ausbilddungs- /Arbeitsplatzakquise...	82
3.3.3.3.2	Arbeitsassistenz	84
3.3.3.3.3	„job-coaching"	87
3.3.3.3.4	Arbeitsplatzausstattung...	88
3.4	An Qualifizierung und Integration Beteiligte...	90
3.4.1	Das Arbeitsamt	90
3.4.2	Der Integrationsfachdienst	92
3.4.3	Der jugendliche Rehabilitant mit Beeinträchtigung...	95
3.4.4	Die „Runden Tische" in der Region...	98
3.5	Das SGB IX...	100
3.6	Kooperation und Vernetzung...	108
3.6.1	Kooperation – Begriffsbestimmung	108
3.6.2	Wesenselemente von Kooperation	108
3.6.3	Das Kooperationsfeld berufl. Rehabilitation/Integration...	111
3.6.4	Formen von Kooperation	113
3.6.4.1	Interdisziplinäre Aspekte	113
3.6.4.2	Personale Aspekte	113

3.6.5 Bedingungen einer verbesserten Kooperation 116
 3.6.6 Vernetzung - Begriffsklärung, Ziele und Inhalte 117

4 Berufliche Qualifizierung und Integration... **118**
 4.1 Berufliche Qualifikation in Südhessen... 119
 4.2 Kooperation und Vernetzung in Qualifikation und Integration... 124
 4.3 Ideen, Impulse, Maßnahmen und Strategien für Südhessen 125
  4.3.1 „Runder Tisch" der Region 126
  4.3.2 Kooperation und Vernetzung in Südhessen 127

5 Vorschläge und Forderungen... **128**

Bibliografie **140**

Anhang **151**
 5.1 Der Integrationsfachdienst und seine Einbettung ins SGB IX 151
  5.1.1 § 109 – Begriff und Personenkreis 151
  5.1.2 § 110 – Aufgaben der Integrationsfachdienste 152
  5.1.3 § 111 – Beauftragung und Verantwortlichkeit 153
 5.2 Integrationsprojekte 154
  5.2.1 § 132 – Begriff und Personenkreis 154
  5.2.2 § 133 – Aufgaben 154
  5.2.3 § 134 – Finanzielle Leistungen 155
 5.3 Werkstättenverordnung 155

Kapitel 1

Problemstellung und Zielsetzung der Arbeit.

Mit dem Phänomen „Behinderung" bin ich als Sohn einer von Geburt an körperlich beeinträchtigten Mutter bereits in alltäglicher Normalität aufgewachsen.
Wie schwierig es ist, als Mensch mit Beeinträchtigungen einen Arbeitsplatz[1] zu finden, musste unsere Familie schmerzlich erfahren, als sich meine Mutter nach „Kinderpause" trotz abgeschlossener Berufsausbildung lange vergeblich um einen angemessenen Arbeitsplatz bemühte.
In meinem zwanzigmonatigen Zivildienst in einer Schule für Praktisch Bildbare konnte ich mein Interesse an der Förderung von Menschen mit geistigen Beeinträchtigungen in angeleitete praktische Tätigkeit umsetzen. Dort lernte ich Regina ein charakterstarkes Mädchen mit geistigen Beeinträchtigungen kennen und ihre Mutter. Sie begleiten und prägen seither mein Leben.
In meinem Hochschulstudium in Heidelberg und Frankfurt beschäftigte ich mich u.a. besonders mit der Förderung und Integration von Menschen mit geistigen Beeinträchtigungen.
Nachdem gemeinsame Vorschulerziehung und Grundschule von Menschen mit und ohne Beeinträchtigungen in den vergangenen Jahren ansatzweise im Bereich der Sekundarstufe fortgesetzt wurde, rückte für mich die Frage: „Was kommt nach der Schule?" zunehmend in den Mittelpunkt des Interesses.
In Seminaren u.a bei Herrn Prof. Dr. Jacobs befasste ich mich intensiv mit der beruflichen Qualifizierung und Integration von Menschen mit Beeinträchtigungen. Einen besonderen Schwerpunkt legte ich auf die didaktische und methodische Gestaltung der Übergangsphase von der Schule in die Arbeitswelt.

---

[1] Im Jahr 2000 waren in Deutschland 190.000, im Arbeitsamtbezirk Darmstadt 1726 sog. Schwerbehinderte arbeitslos, Quelle: BMA, Arbeitsamt Darmstadt.

Um theoretische Erkenntnisse in praktisches Handeln umzusetzen, absolvierte ich ein halbjähriges Vollzeitpraktikum im Arbeitstrainingsbereich einer Werkstatt für behinderte Menschen. Dort erlebte ich täglich, wie institutionelle Vorgaben und daraus entstehende Zwänge pädagogische Handlungsfelder einschränken können.[2]

Vor allem erfuhr ich auf der einen Seite hautnah, wie unglücklich manche Menschen mit Beeinträchtigungen über ihr Schicksal in der WfbM sein können, stellte andererseits jedoch fest, welche besonderen Fähigkeiten diese Menschen besaßen und wie sie sich entwickelten.

Einige der Teilnehmer dieser zweijährigen berufsbildenden Leistung könnten sich m.E. sicherlich in ambulanten Maßnahmen besser qualifizieren. Durch weniger Teilnehmer im BBB könnten Gruppenleiter die Menschen umfassender fördern, für die ein Beschäftigungsverhältnis in der WfbM zunächst geeignet scheint, um zu einem späteren Zeitpunkt eventuell in den allgemeinen Arbeitsmarkt integriert zu werden.

Allein, es existiert bislang in der Region Südhessen kaum eine Alternative zum Dilemma des Automatismus: „Schülerschaft auf der Schule für Geistigbehinderte führt zur Mitarbeiterschaft in der Werkstatt für Behinderte."[3] [JACOBS 1999b, S.5]

Es herrscht noch immer noch die Meinung vor, **alle** Menschen mit Beeinträchtigungen seien in der Werkstatt für behinderte Menschen[4]„am besten aufgehoben" bzw. es sei möglich, jugendliche Berufsanwärter mit geistigen Beeinträchtigungen außerhalb der Realität konkreter Arbeitsplätze auf die Anforderungen des Arbeitsplatzes vorzubereiten.[5]

Es soll aber weder die Leistung der WfbM, deren Gründung es Menschen mit geistigen Beeinträchtigungen überhaupt erst ermöglichte, einer geregelten und bezahlten Arbeit nachzugehen, verkannt werden. Noch soll die berechtigte Existenz einer Werkstatt für behinderte Menschen in Frage gestellt werden. **Viele** Menschen mit geistigen Beeinträchtigungen, das konnte ich selber erfahren, arbeiten gerne in „ihrer Werkstatt." – **Viele** aber eben nicht **alle**.

Dass es durchaus auch in Hessen Alternativen zur WfbM gibt, bzw. berufliche Integration möglich ist, hat das von Prof. Dr. Kurt JACOBS zwischen 1993 und 1998 geleitete Modellprojekt „Berufliche Integration von Menschen mit Behinderungen (PBI)" bereits deutlich gemacht.

---

[2]Siehe dazu auch den ausführlichen Praktikumsbericht des Verfassers vom 11.10.2000
[3]Im Jahr 2000 gab es in Deutschland 643 Werkstätten für Behinderte, Quelle: BMA
[4]Über 172.000 Menschen mit Beeinträchtigungen sind derzeit in WfbM in Deutschland beschäftigt. Der Verdienst in einer WfbM lag im letzten Jahr im Bundesdurchschnitt bei 240,- Mark, in den neuen Bundesländern bei 100,- Mark, in den alten Bundesländern bei 300,- Mark monatlich (Quelle: BMA Ib3, Mitteilung der BAG-WfB, Frankfurt a.M.).
[5]Im Jahr 2000 befanden sich 16.330 Menschen in von der Bundesanstalt für Arbeit finanzierten berufsfördernden Bildungsmaßnahmen in WfbM, Quelle: BMA.

So weit im Rahmen einer Diplomarbeit möglich, soll im folgenden Kapitel die Übergangsphase von Schule in die Arbeitswelt für Menschen mit geistigen Beeinträchtigungen untersucht werden. In einem weiteren Abschnitt werden innovatorische Ansätze zur beruflichen Qualifizierung und Integration aufgezeigt. Darauf folgt eine Diskussion der Aspekte *Kooperation* und *Vernetzung* in Prozessen beruflicher Qualifizierung und Integration in der Region Südhessen. Ein Fazit thesenhaft formulierter Vorschläge zu einer verbesserten Ausgestaltung des Überganges von der Schule in die Arbeitswelt schließt diesen Text.

Sinngebende Zielsetzung der vorliegenden Arbeit ist es, aufzuzeigen, dass berufliche Qualilifizierung und Integration für Menschen mit geistigen Beeinträchtigungen unerlässlich ist, um ihnen ein Leben in Selbstbestimmung und Selbstverwirklichung möglich zu machen.

16 Jahre nach dem Start der ersten integrativen Schulklasse in Hessen[6] soll dargestellt werden, welche Möglichkeiten sich in der Zwischenzeit für Jugendliche mit Beeinträchtigungen im beruflichen, bzw. berufsvorbereitenden Bereich für eine Integration ergeben und welche Probleme beim Übergang von der Schule in den Beruf zu lösen sind.

Dabei soll belegt werden, dass das Ziel berufliche Qualifikation und volle Integration für Menschen mit geistigen Beeinträchtigungen nur erreicht werden kann, wenn alle Beteiligten dauerhaft zusammenarbeiten und diese Menschen auf dem Weg in die „Mitte unserer Gesellschaft" begleiten.

---

[6]vgl. [SCHOLDEI-KLIE 1999, S.1].

Kapitel 2

Die krisenanfällige Übergangsphase von der Schule in die Arbeitswelt für Jugendliche mit geistiger Behinderung

2.1 Zum Phänomen geistige Behinderung am Beispiel ausgewählter Autoren fortschrittlicher Heilpädagogik.

Zur Genese des Begriffes „geistige Behinderung" [1] trugen nach JELENA GOLL folgende vier Aspekte bei:

- *Historische Relativität:* Nur die Bezeichnung für ein immer existierendes Phänomen verändert sich und etabliert sich schließlich im deutschen Sprachraum vor etwa 50 Jahren.

- *Entstigmatisierende Ablösung:* Stigmatisierende Begriffe wie „Imbezilität, Geistesschwäche, u.a." wurden wegen ihrer implizierten Diskriminierung aus dem wissenschaftlichen Sprachgebrauch und schließlich im Jahre 1969 aus dem Bundessozialhilfegesetz herausgenommen.

- *Internationale Ablehnung:* In Anlehnung an den anglistischen Terminus „mentally handicapped" setzte sich vor allem die Elternvereinigung Lebenshilfe für eine deutsche Übernahme des Begriffes als sogenannte „geistige Behinderung" ein.

---
[1] Siehe dazu auch: Anmerkungen dieser Arbeit.

2.1. ZUM PHÄNOMEN GEISTIGE BEHINDERUNG.

- *Wissenschaftliche Etablierung:* Durch Autoren wie BLEIDICK u.a. etablierte sich der Begriff gegen Ende der 60er Jahre bis in die heutige Zeit. Lediglich in Hessen konnte sich parallel der Begriff der „Praktischen Bildbarkeit" als eher positiv konnotierter Terminus erhalten.

[GOLL 1998, S.15f]

Zur Erläuterung des Begriffes „Behinderung", bzw. „geistige Behinderung"[2] werden nicht nur landläufig, sondern vor allem in der wissenschaftlichen Auseinandersetzung mit diesen Termini grundverschiedene Perspektiven eingenommen, unterschiedliche Zugänge benutzt, eigene Akzentuierungen getroffen. Dieses führt zwangsläufig zu jeweils die eigene Philosophie repräsentierenden Definitionsversuchen, welche sich bestenfalls teilweise ergänzen, sich aber auch widersprechen können (siehe dazu auch den Begriff des Paradigmas bei [GOLL 1993, S.9ff]).

In der Sonder- und Heilpädagogik als Sozialwissenschaft mit besonderer Integrationsverpflichtung sind überkommene Paradigmen mittlerweile auf dem Rückzug. „Medizinische Modelle" vor allem Ansätze, in denen noch eine Defizitorientierung vorherrscht, werden von interdisziplinär kooperativen und integrativen Konzepten abgelöst.

[GOLL 1993, S.10]

Kennzeichen einer kontroversen Debatte über den Begriff „geistige Behinderung" sind:

- Nicht-substantivierte Formen des Begriffes: *„Menschen mit geistiger Behinderung",*

- Umschreibungen: *„Menschen mit sogenannten geistigen Behinderungen",*

- *Neue* Begriffe: *„Menschen mit besonderem Förderbedarf",*

- Völliger Verzicht auf Ettiketierung.

[GOLL 1998, S.16f]

Letztlich breit etablieren konnte sich bislang noch keine einheitliche Begrifflichkeit, die der Adressatengruppe und einem modernen Selbstverständnis tätiger Professioneller gerecht wird.

[GOLL 1998, S.16f]

---

[2] Auf Abgrenzung von parallel benutzen Begriffen wie „Beeinträchtigung",o.ä. wird **hier** aus Gründen der Klarheit verzichtet. Siehe dazu Vorbemerkung

2.1.1 GEORG FEUSER:
Geistige Behinderung gibt es nicht

GEORG FEUSER, ein engagierter Vertreter einer integrativen Pädagogik, bezeichnet (1996) in seinem seinem gleichnamigen provokativen Vortrag geistige Behinderung auf *erster Ebene* als in einem phänomenologisch-klassifikatorischen Prozess geschaffenen „**Mythos**".
[FEUSER 1996, S.5]

„Was uns als Behinderung er-scheint, wäre zu verstehen als Ausdruck der Aneignung (organisch) beeinträchtigender, (sozial) behindernder und mithin „isolierender" Bedingungen durch einen konkret unter diesen Bedingungen handelnden Menschen, als Strukturbildung (Entwicklung) nach Maßgabe möglicher Austauschfunktionen (Lernen)."

[FEUSER 1996, S.4]
In einer *zweiten Ebene* wird damit in völliger Verkennung menschlicher Individualität durch Zuschreibung von Eigenschaften an abgeleiteten beobachtbaren Merkmalen eine reale gesellschaftliche Ausgrenzung vollzogen.

Durch Spiegelung an gesellschaftlich normativen Erwartungen werden in einer *dritten Ebene* Menschen als geistig behindert bezeichnet, die diesen Anforderungen nicht entsprechen.

„Das heißt, was uns an einem Menschen in einem ersten Schritt als klassifizierbare Erscheinungen (als psychologisierbare ‚Merkmale') auffällt (das ist unsere Wahrnehmung des anderen), machen wir in einem zweiten Schritt zu seinem ‚inneren Wesen' ; wir deuten sie - pars pro toto - als seine ‚Eigenschaften', seine ‚Natur'. Schließlich bewerten wir diese in einem dritten Schritt im Spiegel der dominierenden gesellschaftlichen Normen, in denen unsere Erwartungen vergegenständlicht sind, wie ein Mensch eines bestimmten Alters und Geschlecht zu sein und was er zu leisten hat. So kommt es zur Aussage, daß dieser Mensch geistigbehindert ist."

[FEUSER 1996, S.6]
Die als Maßstab angesetzten Ansprüche, von anderen Menschen etwas in identischer Weise zu erwarten, hält FEUSER für einen unmenschlichen Akt und Gleichmacherei. Erst und für Feuser **nur** durch diesen Prozess wird ein Mensch zu einem „geistig Behinderten" *gemacht*. Für Feuser gibt es „geistig Behinderte" nicht. Sie sind nur Menschen, die,

2.1. ZUM PHÄNOMEN GEISTIGE BEHINDERUNG.

„WIR aufgrund UNSERER Wahrnehmung ihrer menschlichen Tätigkeit, im Spiegel der Normen, in dem WIR sie sehen, einem Personenkreis zuordnen, den WIR als „geistigbehindert" bezeichnen." [FEUSER 1996, S.5,Hervorhebungen im Original]

Die Erkenntnisse der sich der Philosophie zuwendenden Naturwissenschaften mit ihren Selbstorganisations- und Evolutionstheorien liefern für FEUSER die Begründung, dass psychosoziale Eigenschaften auch den Menschen nicht abgesprochen werden dürfen, bei denen wir sie mit bislang bekannten Methoden nicht wahrnehmen können [FEUSER 1996, S.8].

Sämtliche statusorientierte Test-Diagnostik hat durch diese Folgerung für FEUSER jedwede Berechtigung verloren, aus ihren Ergebnissen prognostische Aussagen formulieren zu können [vgl. ebd.].

2.1.2 MARTIN HAHN:
Geistige Behinderung als ein quantitatives und qualitatives Mehr an sozialer Abhängigkeit

In seinem 1981 entwickelten Ansatz bringt MARTIN HAHN die soziale Abhängigkeit behinderter Menschen als ein neues Paradigma in die Begriffsdiskussion um ein zeitgemäßes Verständnis von Behinderung ein. Ein umfassendes Mehr an sozialer Abhängigkeit – ein Angewiesensein auf andere, unterscheidet nach Hahn behinderte von nichtbehinderten Menschen.
[HAHN 1981, S.44ff]

Zunächst beschreibt HAHN die Verwendung des Begriffes Abhängigkeit in Umgangs- und Fachsprache als gekennzeichnet durch:

- Einen Zusammenhang zwischen Objekten, die sich gegenseitig bedingen und beeinflussen.

- Da völlig unabhängige Objekte nicht denkbar sind, wird stets auch ausgesagt, auf welchem Gebiet / in welcher Hinsicht Abhängigkeit besteht.

- Auswirkung von Abhängigkeit wird in Opposition zu Unabhängigkeit, Selbstständigkeit, Selbstbestimmung und Freiheit gestellt.

[HAHN 1981, S.14]

Bei den Sozialwissenschaften ist von *sozialer Abhängigkeit* die Rede. Bestimmender Faktor ist die soziale Umwelt, das Wirkfeld auf ein odere mehrere Individuen [vgl. ebd.].

Aufgrund von Beeinträchtigungen ihrer körperlichen und geistigen Leistungsfähigkeit, sind behinderte Menschen nach HAHN nicht in der Lage, während der

2.1. ZUM PHÄNOMEN GEISTIGE BEHINDERUNG.

Dauer ihres Behindertseins die Unabhängigkeitsnormen der Gesellschaft zu erfüllen [vgl. ebd., S.44].
Dieses bedeutet für behinderte Menschen:

- Es kommt zu einem *quantitativen* „Mehr" an Abhängigkeit gegenüber nichtbehinderten Menschen.

- Es kommt darüberhinaus zu einem *qualitativen* „Mehr" an Abhängigkeit durch inhaltlich andere Abhängigkeitsverhältnisse.

- Abhängigkeit dauert häufig vom Auftreten einer Schädigung bis ans Lebensende.

[HAHN 1981, S.45]

HAHN versteht somit unter „Abhängigkeit behinderter Menschen" ein dauerhaftes, quantitatives und qualitatives „Mehr" an sozialer Abhängigkeit, welches behinderte von nichtbehinderten Menschen unterscheidet.
[HAHN 1981, S.15]

Als Verursacher der Abhängigkeit lassen sich nach HAHN drei individuelle Teile ausmachen:

1. Eine grundlegende Schädigung in somatischem, bzw. psychischen Bereich, z. B. unmittelbar durch einen Unfall, der zu einem „Mehr" an sozialer Abhängigkeit führt.

2. Ein zweiter Teil sozialer Abhängigkeit behinderter Menschen ist direkt mit dem sozialen Umfeld verbunden. Dieses „Mehr" an Abhängigkeit tritt nicht unmittelbar auf. Es entwickelt sich in der Regel langsam und verfestigt sich schließlich zunehmend. Innerhalb dieser Beziehungen nämlich kommt es zu abhängigkeitsverlängernden Reaktionen oder gar zur Ausbildung von zusätzlichen Abhängigkeiten.

3. Ein dritter Teil sozialer Abhängigkeit wird schließlich von behinderten Menschen selbst gefördert. So kann z. B. eigenverantwortliche übernotwendige Annahme von Hilfen Abhängigkeit erhöhen.

[HAHN 1981, S.46]

Die Auswirkungen des „Mehr" an sozialer Abhängigkeit sieht Hahn in der Lebensbeeinträchtigung durch den Verlust von Freiheit und Unabhängigkeit, Disintegration und vor allem durch eine Gefährdung von Identität.
[HAHN 1981, S.81]

Daraus leitet sich ein pädagogischer Handlungsauftrag ab, der dieses „Mehr" an sozialer Abhängigkeit in den Mittelpunkt stellt. Ziel pädagogischer Maßnahmen ist die Analyse von Abhängigkeit, deren Eindämmung, Reduzierung und Aufhebung.
[GOLL 1998, S.19]

2.1.3 WOLFGANG JANTZEN:
Geistige Behinderung als Arbeitskraft minderer Güte

JANTZEN, der einen materialistischen Ansatz in der Sonder- und Heilpädagogik vertritt, betrachtet den Menschen als gesellschaftliches und zugleich naürliches Wesen: „Der Mensch gehört in die Einheit von Natur und Gesellschaft."
[JANTZEN 1974, S.10]

Geistige Behinderung ist nach JANTZEN eine Schwierigkeit, verursacht durch Leistungsminderung oder Schädigung, Tätigkeiten auszuüben, die in Bezug auf gesellschaftliche Standards als wesentliche Komponenten der täglichen Lebensführung gelten [JANTZEN 1986, S.16].

„Sie [Geistige Behinderung-Anm.d.Verf.] wird sichtbar und damit als Behinderung erst existent, wenn Merkmale und Merkmalskomplexe eines Individuums aufgrund sozialer Interaktion und Kommunikation in bezug gesetzt werden zu jeweiligen gesellschaftlichen Minimalvorstellungen über individuelle und soziale Fähigkeiten. Indem festgestellt wird, daß ein Individuum aufgrund seiner Merkmalausprägung diesen Vorstellungen nicht entspricht, wird Behinderung offensichtlich, sie existiert als sozialer Gegenstand erst von diesem Augenblick an." [JANTZEN 1974, S.22]

JANTZEN konstatiert eine Fokussierung des Begriffes von geistiger Behinderung auf die Qualifikation und damit verbundene wirtschaftlich verwertbare Arbeitskraft.
[JANTZEN 1974, S.19]

Nach JANTZEN ist das Auftreten von Behinderung bestimmt:

• ihrem Wesen nach durch das Faktum der Isolation,

• ihrer Form nach durch das Verhältnis zur Lohnarbeit und die Notwendigkeit des Verkaufs von Arbeitskraft als Ware [JANTZEN 1980, S.19].

Behinderte werden, da der kapitalistische Produktionsprozess auf qualifizierte Arbeitskräfte mit „normaler (normierbarer) Arbeitskraft angewiesen ist, seither gesehen als „*Arbeitskräfte minderer Güte*' deren Arbeitskraft weitaus günstiger in Form ausländerischer Arbeiter ‚gekauft' werden kann, wenn sie nicht nach Rehabilitation eine Produktivität von 70% eines qualifizierten Nichtbehinderten erreichen."
[JANTZEN 1974, S.73]

Damit werden Menschen mit geistiger Behinderung als nicht rehabilitatswürdig bezeichnet – eine systematische Abqualifizierung der Arbeitsleistung von Menschen mit geistiger Behinderung. Es kommt zur Festschreibung eines Zusammenhangs zwischen *Behinderung* und *Arbeitsfähigkeit* [vgl. ebd.].

2.1.4 J. R. DEVER:
Geistige Behinderung als individueller Förderbedarf

In seinem im Jahre 1990 in den USA veröffentlichten Ansatz stellt DEVER explizit einen spezifisch pädagogischen Förderbedarf und somit eine heilpädagogische Förderung ins Zentrum der Überlegung um einen Begriff von Behinderung.
[GOLL 1993, S.18]

Bei der Entwicklung seines Ansatzes betont DEVER spezielle Hilfeleistungen, die Menschen mit geistiger Behinderung brauchen, um basale Fähig- und Fertigkeiten zu erlernen, während Nichtbehinderte diese Fähigkeiten ohne Hilfe erwerben können. Daraus abgeleitet lautet eine zentrale Formulierung in seinem Aufsatz:

„Mental retardation refers to the need for specific training of skills that most people acquire incidentally and that enable individuals to live in the community without supervision."

[DEVER 1990, S.149]nach:[GOLL 1993, S.19]

Dever bezeichnet demnach das Phänomen geistige Behinderung mit einem speziellen Förderbedarf im Bereich grundlegender Fähigkeiten und Fertigkeiten, welche die meisten Menschen beiläufig erwerben, um ohne fremde Hilfe (selbstständig) in der Gesellschaft (Gemeinde) leben zu können.

Damit wiederum kann man nach DEVER:

- Menschen mit geistiger Behinderung anhand ihres spezifisch eigenen Förderbedarfes beschreiben.

- Dieser spezifische Förderbedarf bezieht sich auf basale Fähig- und Fertigkeiten, die zu einem selbstständigen Leben in Gesellschaft führen, d.h. die soziale Abhängigkeit abbauen, Diskriminierung überwinden und volle Integration zum Ziel haben.

[GOLL 1993, S.19]

Nach DEVER ist *soziale Integration* **Zweck** und *Förderung zu selbstständiger Lebensführung notwendiger Qualifikationen* **Mittel** pädagogischer Förderung. Aus seinem Ansatz lassen sich weitere Implikationen ableiten:

1. Menschen mit geistiger Behinderung können lernen.

2. Der Bedarf an pädagogischer Förderung ist erster und zentraler Aspekt.

3. Der Schweregrad der geistigen Behinderung bestimmt sich durch den für ein selbstständiges Leben in der Gemeinde erforderlichen Förderbedarf.

4. Menschen, die lernen, selbstständig in der Gemeinde zu leben, sind nicht mehr als „geistig behindert" zu bezeichnen.

5. Einige Menschen werden sich niemals genügend Fähig- und Fertigkeiten aneignen, um selbstständig in der Gemeinde leben zu können.

[GOLL 1993, S.20]

DEVERs Leitziel pädagogischer Förderung für Menschen mit geistiger Behinderung ist für alle identisch, unabhängig davon, ob sie jemals in der Lage sein werden, selbstständig leben zu können.

[GOLL 1993, S.21]

2.1.5 Kritische Reflexion der vorgestellten Ansätze und Versuch einer eigenen Positionsbestimmung.

Individuumzentrierte Ansätze, in denen geistige Behinderung als ein statischer, aus einer Hirnschädigung abgeleiteter Defekt gesehen wird, bieten kaum Ansätze für eine erfolgversprechende pädagogische Förderung.

[GOLL 1993, S.28]

Diese Ansätze interpretieren „geistige Behinderung" als objektiv messbares im Menschen verankertes Defizit. Sie führen meist zu Interventionen, die im Charakter eher Reparaturmaßnahmen zu sein scheinen (umschreibbar mit: 1.Diagnose, 2. Reparaturbehandlung, 3.Praxistest).

[GOLL 1993, S.29]

DEVERs Ansatz von *geistiger Behinderung als Ausdruck eines besonderen pädagogischen Förderbedarfs* hebt sich allerdings von anderen defizitorientierten Sichtweisen ab. Die Vorzüge des DEVERschen Begriffs von Behinderung sind dessen prägnante Formulierung, die Konzentration auf Förderung (statt „Defizit"), seine (leider nur individuum-zentrierte) Handlungsrelevanz und die lebenspraktisch integrative Zielsetzung.

Das Ausserachtlassen jeglicher gesellschaftlicher und psychologischer Dimensionen von geistiger Behinderung macht aber diesen Ansatz als alleinige Basis pädagogischer Maßnahmen unbefriedigend. Gesellschaftliche Barrieren einer Integration bleiben leider unberücksichtigt. Zudem besteht die Gefahr eines behaviouristischen Begriffes von Förderung.

[GOLL 1993, S.36]

Behinderung wird in gesellschaftszentrierten Ansätzen nicht als Ursache, sondern als Folge eines Desintegrations- und Isolationsprozesses gesehen. Die Dynamik, Strukturen und Regeln gesellschaftlicher Systeme aber auch die von Behinderteninstitutionen sind zentrale *Kritikpunkte* dieser Modelle.

[GOLL 1993, S.43]

Daraus entwickeln die Vertreter gesellschaftszentrierter Ansätze Interventionsstrategien zu Veränderung gesellschaftlicher Normen und ökonomischer Strukturen,

die im Extrem die Überwindung der kapitalistischen Gesellschaftsform mittels einer „Durchsetzung der sozialen Perspektive anstreben"
(Jantzen in: [GOLL 1993, S.43]).

FEUSER interpretiert „geistige Behinderung" als subjektives soziales Konstrukt, das außerhalb des Menschen mit Behinderung liegt. Damit vollzieht er mit seinem Ansatz einen Wechsel der Blickrichtung und bietet aus anderen Perspektiven neue Erkenntnisse und Handlungsansätze gemäß einem Leitsatz: (hier zitiert nach:[GOLL 1993, S.37]) „Nicht das Individuum hat sich an die Gesellschaft zu adaptieren, sondern die Gesellschaft an ihre behinderten Mitbürger."

Der Ansatz von HAHN, der unter der Mitwirkung von Menschen mit Beeinträchtigungen erarbeitet wurde, stellt im Besonderen den Menschen mit Beeinträchtigungen mit seinen Emotionen und seiner eigenen Interpretation von Behinderung in den Mittelpunkt.
[GOLL 1993, S.41]

Aus der in gesellschaftszentrierten Ansätzen immanenten Polarität „Mensch – Gesellschaft" ergeben sich aber auch die Nachteile der jeweiligen Konzepte.
[GOLL 1993, S.43]

Konzentration auf eine Perspektive vernachlässigt die jeweils andere, darüberhinaus wird nur bei HAHN so etwas wie eine notwendige dritte Dimension im Behindertenbegriff entwickelt, nämlich eine individuelle Wahrnehmung von persönlich und durch Gesellschaft geschaffener Behinderung. Dieses macht HAHNs Ansatz zum einzigen wissenschaftlichen Definitionsversuch, aus Sicht des betroffenen Indindividuum das Phänomen geistige Behinderung zu erklären.
[GOLL 1993, S.43]

Ausgehend von wechselseitiger Interaktion biologischer, psychobehaviouraler und sozialer Bedingungsfaktoren sowie der prozesshaft-dynamischen und multifaktoriellen Charakteristik des Phänomens „geistiger Behinderung" sollte ein moderner Behinderungsbegriff mehr als nur die Summe der Einzelteile beinhalten. Es braucht daher einen ökologischen Ansatz, um in verschiedenen Praxisfeldern der Komplexität des Phänomens „geistige Behinderung" gerecht werden zu können.
[GOLL 1993, S.44]

In dieser Arbeit soll in Anlehnung an [GOLL 1993, S.47] geistige Behinderung als dynamischer Prozess verstanden werden, in welchem individuelle (biologische, psychologisch-behaviourale) und soziale Faktoren in einem komplexen Mensch-Umwelt System sich wechselseitig beeinflussen.

2.2 Übergänge sind krisenanfällige Lebensphasen

2.2.1 Die krisenanfällige Übergangsphase von der Kindheit zum Jugendalter im Licht neuerer Forschungsergebnisse von ERIKSON und HURRELMANN - eine grundsätzliche Betrachtung

Ein Grundsatz der modernen *Entwicklungspsychologie der Lebensspanne* (lifespan developmental psychology) besagt, dass jeder Lebensabschnitt durch neue Aufgaben und typische Anforderungen gekennzeichnet ist. Vor allem Kindheit und Jugend gelten als Entwicklungsphasen, in denen Veränderungen deutlich sichtbar werden [ZIMBARDO 1995, S.54].

„Da der technologische Fortschritt mehr und mehr Zeit zwischen das frühe Schulleben und die endgültige Zulassung des jungen Menschen zur speziellen Arbeit legt, wird dieses Stadium des Heranreifens zu einer immer deutlicher umrissenen und bewußten Periode [...]."

[ERIKSON 1970, S.131]

Diese Aussage ERIKSONs, die nichts an Aktualität eingebüßt hat, unterstreicht einerseits wie wichtig der Übergang ins Arbeitsleben für junge Menschen ist und betont gleichzeitig die stetige Verlängerung dieser Phase.

Angelehnt an FREUDs Modell der Libidoentwicklung entwarf E.H. ERIKSON in den 30er Jahren des letzten Jahrhunderts ein achtstufiges Schema einer Identitätsentwicklung. Nach ERIKSON durchläuft jeder Mensch im Verlauf seiner psychosexuellen und psychosozialen Entwicklung Phasen, die von einem jeweils eigenen krisenhaften Konflikt geprägt sind. Nur die erfolgreiche Bewältigung dieser Krisen ermöglicht einen Erfolg in der entsprechend nächsthöheren Entwicklungsstufe. Menschwerdung ist somit ein fortwährendes Durchlaufen von Entwicklungsstufen, deren spezifische krisenhaften Konflikte vom Individuum zu bewältigen sind.

Mit den Begriffen „Krise" und „innere Einheit" markiert ERIKSON zwei relevante Komponenten seiner gesamten Entwicklungskonzeption. *Krise* versteht er als Wendepunkt im Sinne einer entscheidenden Periode, die sowohl erhöhte Verletzlichkeit als auch erhöhtes (Entwicklungs-)Potential in sich birgt. *Gefühl der inneren Einheit* charakterisiert ein zentrales Merkmal seines Konzepts der Ich-Identität.

2.2. ÜBERGÄNGE SIND KRISENANFÄLLIGE LEBENSPHASEN

Eine gelungene Bewältigung krisenhafter Konflikte führt i.d.R. zu einer positiven Beeinflussung der psychosozialen Entwicklung. Umgekehrt besteht natürlich auch immer die Möglichkeit einer nur partiellen Krisenbewältigung oder gar eines Scheiterns. Was sich wiederum nachteilig auf die weitere Entwicklung auswirkt. Dazu ERIKSON:

„Im besten Fall ist es ein Prozess zunehmender Differenzierung und er wird immer umfassender, während das Individuum sich fortschreitend eines sich erweiternden Kreises anderer bewußt wird, die für es Bedeutung haben, von der mütterlichen Person bis zur „Menschheit."

[ERIKSON 1970, S.19]

Kindliche Entwicklung verläuft nach ERIKSON nicht gleichmäßig, sondern in Schüben von kurzer Dauer mit hoher Intensität und vielen Höhen und Tiefen. So entwickelt sich der Mensch von einer krisenhaften Phase zu nächsten.

Die 1. Krise innerhalb der Entwicklung (1.Lebensjahr) ist die Gewinnung des für die weitere Identitätsentwicklung unerlässlichen **Urvertrauens**. Der Kernsatz der Entwicklung heißt hier nach ERIKSON: „Ich bin was man mir gibt."
In der 2. Krise der Entwicklung (2. und 3. Lebensjahr) gilt es, die für das weitere Leben grundlegende **Autonomie** zu gewinnen. Hier lautet die zentrale Devise nach ERIKSON: „Ich bin, was ich will."
In der 3. Krise (4. und 5. Lebensjahr) gilt es, eine eigene **Initiative** zu erlangen. Das Motto dieser Krise nach ERIKSON: „Ich bin, was ich mir zu sein vorstelle."
In einer 4. Krise (Schulalter) muss nach ERIKSON **Fleiß und Werksinn** erworben werden. Die Devise lautet hier: „Ich bin, was ich lerne."
In der 5. und zentralen Krise gilt es nun eine eigene **Identität** zu entwickeln. Er umschreibt den Prozess mit: „Ich bin nicht was ich sein sollte, ich bin nicht was ich sein werde, aber ich bin nicht mehr was ich war."
[FACHPSYCHOLOGIEDERPÄDAGOGISCHENHOCHSCHULEHEIDELBERG 1989, S.45f]

Der krisenhafte Konflikt, den Jugendliche in dieser Adoleszenz-Phase zu bewältigen haben, steht zwischen der erfolgreichen Bildung einer individuellen Identität und einem Selbstverlust und der Identitätsdiffusion. Die dazu nötigen Errungenschaften der ersten vier Krisen fließen nun in die Adoleszenz mit ein. Sie werden in Folge dennoch verworfen und in eine komplexere Identität integriert.

„Die Integration, die nun in der Form der Ich-Identität stattfindet, ist mehr als die Summe der Kindheitsidentifikationen."

[ERIKSON 1971, S.107]

2.2. ÜBERGÄNGE SIND KRISENANFÄLLIGE LEBENSPHASEN

Nichts scheint mehr zu sein wie es einmal war. „Alle Identifizierungen und Sicherungen, auf die man sich früher verlassen konnte," so ERIKSON, werden erneut in Frage gestellt. Jugendliche sind durch die rasant in ihrem Körper ablaufenden Wachstumsprozesse und der Entwicklung der physischen Geschlechtsreife vor allem damit beschäftigt, neue soziale Rollen zu finden bzw. zu festigen.
[ERIKSON 1971, S.106]

Soziologische Stresstheorien aufgreifend ist die Entwicklung in der Übergangsphase nach HURRELMANN und MANSEL nur erreichbar, wenn das Individuum in einem dosierten Maße mit Veränderungen und Anforderungen konfrontiert wird. Die Übergangssituation kann in einem derartigen Fall zu einer notwendigen „Umprogrammierung" des vorhandenen Verhaltensrepertoires genutzt werden. Kommt es jedoch zu Anforderungen, welche das individuelle Verhaltensrepertoire überfordern und die Koordination der Bewältigungskompetenzen in den unterschiedlichen Handlungsfeldern überbeanspruchen, so besteht die Gefahr einer misslingenden Auseinandersetzung mit der Situation.
[MANSEL 1991, S.50]

Nur wenn es Jugendlichen in diesem Entwicklungsabschnitt gelingt, eine eigene Identität zu erwerben, können sie im anschließenden Erwachsenenalter die Krisen von Intimität vs Isolierung, Generativität vs Selbstabsorption sowie Integrität vs Lebensekel und Verzweiflung bestehen.
[FACHPSYCHOLOGIEDERPÄDAGOGISCHENHOCHSCHULEHEIDELBERG 1989, S.45]

Für E.H. ERIKSON, KLAUS HURRELMANN u.a. ist die krisenhafte Phase der Jugend nicht frei vom gesellschaftlichen Kontext definierbar. Sie muss, laut HURRELMANN „da sie in ihrer Struktur durch ökonomische, soziale und kulturelle Wandlungsprozesse beeinflußt wird, in ihrem konkreten historischen Zusammenhang gesehen werden."
[MANSEL 1991, S.10]

Die Institution Schule, in dessen Schonraum sich Jugendliche vor einem Übergang in die Arbeitswelt befinden, bereitet Jugendliche nur ungenügend auf die Arbeitswelt vor. Betroffene werden dabei meist sich selbst überlassen. [JACOBS 1999b, S.12]

Dabei ist es nach [ERIKSON 1965, S.256] „hauptsächlich die Unfähigkeit, sich für eine berufsmäßige Identität zu entscheiden, was die jungen Menschen beunruhigt."

2.2.2 Spezielle Übergangsprobleme von Jugendlichen mit geistigen Beeinträchtigungen

Für junge Menschen mit geistigen Beeinträchtigungen ist der Übergang von Kindheit zu Erwachsenalter mit ganz speziellen Problemen verbunden, die nichtbehinderten Jugendlichen erspart bleiben. Anhand diagnostischer Gutachten wird Menschen mit Beeinträchtigungen oft ein bestimmtes Intelligenz- und **Entwicklungsalter** attestiert. Obwohl höchst umstritten, verursachen und verfestigen diese gesellschaftlichen Zuschreibungen bei Angehörigen, professionellen Helfern und selbst bei Pädagogen Vorurteile über eine scheinbare Grenze der Entwicklungsfähigkeit von Menschen mit geistigen Beeinträchtigungen.

Menschen mit geistigen Beeinträchtigungen sind in hohem Maße von Therapeuten, Pädagogen, Psychologen abhängig. Angehörige psychosozialer Berufe unterschätzen jedoch leider häufig die Ernsthaftigkeit der Probleme von Jugendlichen. [ZIMBARDO 1995, S.92]

2.2.2.1 Der Jugendliche und Erwachsene mit geistigen Beeinträchtigungen als *ewiges Kind*

Das in heilpädagogischen Schriften der 70er Jahre veröffentlichte infantilistische Bild vom Mensch mit geistiger Beeinträchtigung als „ewigem Kind" ist zwar in der fachwissenschaftlichen Diskussion abgelöst, dennoch hat es vor allem in der heilpädagogischen Praxis der heutigen Zeit immer noch Einfluss.[3]

Diesem Modell liegt der Versuch zugrunde, das Phänomen „geistige Behinderung" dadurch vorstellbar zu machen, dass jenes schwer erklärbare „Anderssein" von Menschen mit geistiger Behinderung durch Analogien mit nicht behinderten Kindern ersetzt wird [GOLL 1993, S.72].

---

[3]infantilistische Bilder stecken hinter verbreiteten Symptomen wie: Beschäftigung mit Kinderspielzeug o.ä., der selbstverständlichen Anrede mit Vornamen od. „*DU*" Fremdbestimmung, Überbehütung, Überwachung, Negation von Sexualität.

2.2. ÜBERGÄNGE SIND KRISENANFÄLLIGE LEBENSPHASEN

Der Mensch mit sogenannter geistiger Behinderung wird als Individuum betrachtet, das auf einer frühen Entwicklungsstufe stehen geblieben ist. Damit wird ihm jede dynamische Entwicklung über das jeweilige Stadium (Fötus, Säugling, Grundschulkind, Schulkind, Kind,...) hinaus von vorne herein abgesprochen. Hieraus ergibt sich nach HARALD GOLL folgende Problematik:

> „Die unkritische Zu- und Festschreibung des ‚Kindseins' mit den sich daraus ergebenden Implikationen für den alltäglichen Umgang ebenso wie für die pädagogisch-therapeutische Förderung resultiert letztendlich in einem Teufelskreis, der den statischen Zustand des ‚Kindseins' zementiert und damit eine natürliche, dynamische Entwicklung des heranwachsenden Menschen - sein ‚Erwachsen - werden' reduziert bzw. völlig verhindert."

[GOLL 1993, S.73]

2.2.2.2 Krisensituationen durch Erschwernisse in der Ablösungsphase vom Elternhaus

Die Ablösung vom Elternhaus sowie die Berufswahl sind in bezug auf ihre äußeren Lebensumstände zentrale Anforderungen an Jugendliche.

Ist für junge Menschen ohne Beeinträchtigungen das Elternhaus nur *eine* Bezugsgruppe unter anderen wie z.B. Gruppen von Gleichaltrigen (Peer Groups), Vereinsfreunde, Sportkameraden u.a, so bleibt oft für Menschen mit geistigen Beeinträchtigungen das Elternhaus, die Familie die einzige Bezugsgruppe. Viele Menschen mit geistigen Beeinträchtigungen sind in ihrer Familie in enger sozialer Abhängigkeit eingebunden und gesellschaftlich isoliert.

Eine Ablösung vom Elternhaus setzt zentral das Erlangen von Autonomie voraus. Menschen mit geistigen Beeinträchtigungen sind von der Möglichkeit zu selbständiger Erwachsenwerdung meist ausgeschlossen. Autonomiebestrebungen stehen Abhängigkeit, over-protection und infantilistische Menschenbilder entgegen.

Eltern von Menschen mit geistigen Beeinträchtigungen vermissen oft ein entsprechendes Beratungs- und Informationsangebot, um Hilfen zu erhalten. Sie haben ihrerseits oft Ängste und Zweifel bezüglich einer Selbstständigkeit ihrer Kinder.

Als Alternative zum elterlichen Heim fehlen für Menschen mit geistigen Beeinträchtigungen geeignete Lebensräume und betreute Wohnangebote. Plätze in Wohnheimen stehen in begrenzter Zahl meist nur („behinderten") Mitarbeitern einer Werkstatt für behinderte Menschen zu Verfügung.

Ablösung vom Elternhaus stellt für Jugendliche mit geistigen Beeinträchtigungen daher eine außerordentlich schwierige Entwicklungsaufgabe voller krisenhafter Konflikte und Risiken dar.

2.2.2.3 Lebensgestaltende Neuorientierung in der Übergangsphase von der Schule zur Arbeitswelt

Folgt man E.H. ERIKSON, so ist die für den Übergang von Schule in die Arbeitswelt notwendige Entscheidung für einen Berufsweg *das* Kennzeichen der jugendlichen Identitätsbildung. Die Berufswahl schließt Aufgaben ein, die für alle Aspekte der Identitätsbildung zentral sind:

- Einschätzung der eigenen Fähigkeiten und Interessen

- Kenntniss realistischer Alternativen

- Fähigkeit, die für sich „beste" Entscheidung zu treffen und sie durchzusetzen

[ZIMBARDO 1995, S.97]
Die Berufswahl kann damit Auslöser einer lebensgestaltenden Neuorientierung sein. In einer möglichen kritischen Auseinandersetzung mit den Werten, Normen der Eltern sowie der Gesellschaft werden lebensbeeinflussende Entscheidungen getroffen.

„Die Entscheidungen bezüglich Ausbildung und Berufswahl, die in der späten Adoleszenz getroffen werden, können künftige Wahlmöglichkeiten entscheidend beeinflussen; wie alle Aspekte der Identität betrachtet man die berufliche Identität jedoch am besten im Kontext des gesamten Lebenszyklus."

[ZIMBARDO 1995, S.97]

2.2.2.3.1 Spezifische Entwicklungsaufgaben im Jugendalter von Menschen mit geistigen Beeinträchtigungen Ursprünglich von Robert J. HAVIGHURST in Anlehnung an E.H. ERIKSON entwickelt, beruht das Konzept der *Entwicklungsaufgaben* auf der Auffassung, dass Entwicklung ein sich über das ganze Leben erstreckender Lernprozess ist. Entwicklungsaufgaben sind das Bindeglied im Spannungsverhältnis zwischen individuellen Bedürfnissen und gesellschaftlichen Anforderungen [OERTER 1998, S.326].

2.2. ÜBERGÄNGE SIND KRISENANFÄLLIGE LEBENSPHASEN

Für die Phase der Adoleszenz (12 bis 18 Jahre) formuliert HAVIGHURST in Weiterführung von Aufgaben früherer Lebensphasen acht spezifische Entwicklungsaufgaben:

1. Neuere u. reifere Beziehungen zu Altersgenossen beiderlei Geschlechts aufbauen,

2. Übernahme der weiblichen / männlichen Geschlechtsrolle,

3. Akzeptieren der eigenen körperlichen Erscheinung und effektive Nutzung des Körpers,

4. Emotionale Unabhängigkeit von den Eltern und von anderen Erwachsenen,

5. Vorbereitung auf Ehe und Familienleben,

6. Vorbereitung auf eine berufliche Karriere,

7. Werte und ein ethisches System erlangen, das als Leitfaden dient - Entwicklung einer Ideologie,

8. Sozial verantwortliches Verhalten anstreben und erreichen,

[OERTER 1998, S.328]
Die Auseinandersetzung mit Entwicklungsaufgaben findet bei Jugendlichen hohes Interesse, eröffnet Möglichkeiten, Entwicklung als Lernen in eigener Sache zu begreifen und kann folglich eine eigene Dynamik produzieren.

2.2.2.3.2 Vom schulischen Lernen zur beruflichen Qualifizierung - Wechsel der Tätigkeitsform Schulisches Lernen für Menschen mit geistigen Beeinträchtigungen konzentriert sich trotz einiger weniger Praktika und Curricula mit arbeitspraktischen Schwerpunkten immer noch auf das Lernen im Sinne von kognitiver Förderung.

In beruflichen Qualifizierungsprozessen liegt der Schwerpunkt einer Förderung weitaus mehr auf dem praktisch tätigen Erwerben von Fertigkeiten und arbeitsbezogenen Qualifikationen. Bildungsangebote beziehen sich hauptsächlich auf berufliche Themengebiete; gleichzeitig wird das Angebot allgemeiner Bildung verkürzt.

Dadurch kommt es in der Phase beruflicher Qualifikation zu einem Wechsel der vorwiegenden Tätigkeitsform vom LERNEN zum ARBEITEN.

In Berufsschulen, wo auch in der Phase der beruflichen Qualifizierung gelernt werden soll, wird eine große Stoffmenge meist rein theoretisch in Form von Frontalunterricht vorgetragen. Somit kommt es beim Übergang in die Arbeitsphase nicht nur zum Wechsel der Tätigkeits-, sondern auch der Lernformen.

2.2.2.3.3 Veränderung sozialer Bezugsgrößen zwischen Schule und Arbeitswelt Beim Übergang von Schule in die Arbeitswelt kommt es für Jugendliche mit geistigen Beeinträchtigungen zu einem umfassenden Wechsel der sozialen Bezugsgrößen. Schüler müssen nach vielen Schuljahren die gewohnte Schulumgebung verlassen, sie verlieren damit wichtige soziale Bezugsgrößen wie Mitschüler, Lehrer, Therapeuten und andere im Umfeld der Schule tätigen Mitarbeiter. Dieses weitgesponnene Netz an sozialen Kontakten umfasst i.d.R. für Menschen mit geistigen Beeinträchtigungen die einzigen sozialen Bezugsgrößen außerhalb ihrer Familien.

Beim Wechsel zu berufsqualifizierenden Maßnahmen müssen diese Beziehungen aufgegeben werden, was einen großen Verlust an Sicherheit und Geborgenheit bedeutet. Gleichzeitig muss zudem noch ein neues soziales Bezugssystem aufgebaut werden. Andererseits bieten neue Kontakte die Chance zu unvoreingenommenen Kennenlernen und zur Aufnahme neuer Beziehungen. In diesem Prozess müssen neue soziale Rollen erprobt werden. Dabei ist zu berücksichtigen, dass bis zu einer vollen Integration in ein neues Bezugssystems oft sehr viel Zeit nötig ist.

2.3 Die Aufgabe der Werkstufe an der Schule für Praktisch Bildbare zur heilpädagogisch- förderlichen und berufsvorbereitenden Ausgestaltung der Übergangsphase Schule - Arbeitswelt

Die Schule für Praktisch Bildbare[4] ist gegliedert in die aufeinander folgende Schulstufen: Grund-, Mittel-, Haupt- sowie Werkstufe.[5] In Hessen ist der Grundstufe der Schule für Praktische Bildbare noch die Aufnahme- und Beobachtungsstufe vorangestellt.[6] Die Werkstufe stellt die Abschlussstufe der Schule für Geistigbehinderte dar. In den meisten Bundesländern dauert die Werkstufe drei Schulbesuchsjahre.

In einigen Bundesländern dient sie zur Erfüllung der Berufsschulpflicht.[7] Die Werkstufe soll die Schüler für den Übergang in das Arbeitsleben vorbereiten. Konzepte wie Schüler mit geistigen Beeinträchtigungen für den Übergang in die Arbeitswelt befähigt werden sollen, gibt es verschiedene. Sie beanspruchen für sich eine jeweils eigene Perspektive. Der Auftrag der Werkstufe der Schule für Geistigbehinderte aus verschiedenen Perspektiven.

---

[4]In Hessen hat sich der Begriff „Praktisch Bildbar" etabliert, in anderen Bundesländern werden diese Schule als „Schulen für Geistigbehinderte" bezeichnet.
[5]die Gliederung in Schul- statt Jahrgangsstufen erfolgt in allen Bundesländern.
[6]Diese Stufe müssen nicht alle neu aufgenommenen Schulkinder durchlaufen, gut geförderte können direkt in die Grundstufe eingegliedert werden.
[7]In Berlin, Bremen, Hamburg und Hessen dient die Werkstufe **nicht** zur Erfüllung der Berufsschulpflicht.

2.3.1 Aus der Sicht der noch gültigen hessischen Unterrichtsrichtlinien für die Schule für Praktisch Bildbare von 1983

Die für die Werkstufe geltenden Rahmenbedingungen gibt der Hessische Kultusminister im Amtsblatt Nr.12 vom 21.11.1983 *Richtlinien für den Unterricht in der Schule für Praktisch Bildbare* vor.[8] Dort heißt es zum pädagogischen Auftrag der Schule für Praktisch Bildbare:

> „Der Geistigbehinderte/ Praktisch Bildbare hat das Recht, sich als handelnder und erlebender Mensch zu verwirklichen. Es ist pädagogischer Auftrag der Schule, ihm das Lernen und die Eingliederung in die Gesellschaft in allen Lebensbereichen zu ermöglichen."

[HESSISCHERKULTUSMINISTER 1983, S.4]

Die Werkstufe der Schule für Praktisch Bildbare in Hessen deckt mit ihrer drei- bis maximal fünf-jährigen Dauer *nicht* die Berufsschulpflicht von Schülern mit geistigen Beeinträchtigungen ab.[9]

Im allgemeinen Teil der Richtlinien wird davon ausgegangen, dass Schüler

> „in der Regel nach der Schulentlassung einen Arbeitsplatz in der Werkstatt für Behinderte [erhalten], sofern sie nicht in einem Haushalt, in einem Betrieb – ggf. an einem geschützten Arbeitsplatz–eine Tätigkeit finden können, die ihren besonderen Möglichkeiten und Schutzbedürfnissen Rechnung trägt." [10]

[HESSISCHERKULTUSMINISTER 1983, S.3]

Beim Übergang auf oben genannte Bereiche „kommen der Schule für Praktisch Bildbare in enger Zusammenarbeit mit der Arbeitsverwaltung unterstützende, bzw. beratende Funktionen zu."
[HESSISCHERKULTUSMINISTER 1983, S.3]

---

[8]Die Unterrichtsrichtlinien von 1983 sind zwar immer noch gültig, jedoch hat die STÄNDIGE KONFERENZ DER KULTUSMINISTER bereits neue Richtlinien verabschiedet.

[9]In § 64 des Hessischen Schulgesetzes steht, dass „Jugendliche mit sonderpädagogischem Förderbedarf [...] die Berufsschulpflicht durch den Besuch der Berufsschule in der Regelklasse oder in Bildungsgängen, die auf eine Berufsausbildung oder eine Berufstätigkeit vorbereiten oder für einen Beruf qualifizieren [erfüllen]. Die Berufsschulpflicht kann durch den Besuch von Sonderberufsschulen erfüllt werden." Auch § 52 des Hessischen Schulgesetzes besagt hierzu, dass in der Berufsschule der Bedarf an sonderpädagogischer Förderung außer in den Formen des gemeinsamen Unterrichts in der Regelklasse in Bildungsgängen erfüllt werden kann, die auf eine Berufsausbildung oder eine Berufstätigkeit vorbereiten oder für einen Beruf qualifizieren.

[10]Nur in Hessen und Rheinland-Pfalz wird ausdrücklich erwähnt, dass Schüler auch auf einem Arbeitsplatz des allgemeinen Arbeitsmarkts tätig werden können.

2.3. DIE AUFGABE DER WERKSTUFE...

In der Werkstufe gewinnt die Hinführung an die Berufswelt immer mehr an Bedeutung, denn Ziel einer Schule für Praktisch Bildbare sollte es sein, „möglichst viele Schüler auf einen geschützten Arbeitsplatz außerhalb der Werkstatt für Behinderte unterzubringen" [vgl. ebd.].
In der Werkstufe sollen Schüler befähigt werden, mit beruflicher Tätigkeit einen finanziellen Beitrag zur Existenzsicherung zu leisten. Auch wenn vielen „Geistigbehinderten" es nicht möglich ist, durch eine berufliche Tätigkeit zum eigenen Unterhalt ausreichend beizutragen, sollen bei den Schülern Fähigkeiten angestrebt werden, mit Hilfe derer sie selbst bei geringen Mitwirkungsmöglichkeiten ein geordnetes Leben führen können. Die angestrebte Fähigkeit, in Arbeit und Beruf tätig zu sein, bezieht sich hier auch auf einfache Aufgaben in Familie und Wohngemeinschaft.
[HESSISCHERKULTUSMINISTER 1983, S.38]

Die Vorbereitung der Schüler auf Arbeit und Beruf geschieht anhand der Unterrichtsziele:

- Gestellte Aufgaben zuverlässig und sorgfältig ausführen zu können

- grundlegende Techniken bei der Bearbeitung häufig vorkommender Materialien zu beherrschen

- grundlegende Techniken für die Bearbeitung verschiedener Materialien mit Maschinen zu beherrschen

- Zeitsetzungen anzuerkennen und sich danach zu richten

- sich während des Arbeitsablaufes notwendige Hilfen verschaffen zu können

- sich in Arbeitsgruppen und Arbeitsabläufe einzuordnen und ihrerseits auf Gruppenmitglieder und Arbeitsabläufe einzuwirken

- Vorbereitungen für die tägliche Arbeit selbständig treffen zu können

- geltende Arbeitsregeln zu kennen, sie einzuhalten und gegebenenfalls auf Änderungen hinzuwirken

- Beziehungen zwischen Arbeit und Lohn bzw. Sozialleistungen zu erkennen und sich daraus ergebende Ansprüche durchzusetzen

[HESSISCHERKULTUSMINISTER 1983, S.38ff u. 44]

In den Richtlinien werden die einzelnen Erziehungsziele weiter differenziert, ergänzt und erläutert. Exemplarisch seien hier die wichtigsten genannt:

- „Grundlegende Techniken bei der Bearbeitung häufig vorkommender Materialien zu beherrschen," zielt darauf ab, den Schülern alltäglich vorkommende Stoffe, wie z.b. Holz, Papier, Metall näher zubringen und ihnen Techniken zu deren Bearbeitung, gegebenenfalls unter Verwendung einfacher Werkzeuge, beizubringen. Den Schülern sind grundlegende Techniken, wie beispielsweise Falten, Sägen und Nageln zu vermitteln. Sie sollen von einfachen zu schwerer werdenden Arbeiten geführt werden. Der Lernanreiz soll hierbei durch das eigene Ausprobieren erzeugt werden. Die Schüler sollen bei diesem Unterrichtsziel Erfahrungen hinsichtlich ihrer eigenen Geschicklichkeit und Leistungsfähigkeit sammeln können.

- „Sich in Arbeitsgruppen und Arbeitsabläufe einzuordnen und ihrerseits auf Gruppenmitglieder und Arbeitsabläufe einzuwirken," ist im hauswirtschaftlichen Bereich, in arbeitsteiligen Werkvorhaben sowie bei Gruppenvorhaben mit wechselnden Arbeitsplätzen denkbar. Die Schüler sollen anhand von Arbeitsanordnungen, Veränderungen von Fertigungsabläufen und der Planung von Vorhaben die Chance zur eigenen Rollenfindung und zu deren Einnahme erhalten.

- „Geltende Arbeitsregeln zu kennen, sie einzuhalten und gegebenenfalls auf Änderungen hinzuwirken," ist ein fundamentaler Abschnitt der schulischen Berufsvorbereitung. Den Schülern muss nämlich bewusst werden, dass Arbeitsabläufe stets mit gewissen Regeln verbunden sind, die für alle bindend sind.

[TRAUTMANN 2001, S.26ff]

2.3.2 Aus der Sicht der neuen KMK-Empfehlungen zur sonderpädagogischen Förderung, bzw. der Ergänzung: *Empfehlungen zum Förderschwerpunkt geistige Entwicklung*

Mit ihren *Empfehlungen zur sonderpädagogischen Förderung* möchte die KMK eine gemeinsame Orientierung für eine künftige Entwicklung von Sonderpädagogik geben und gleichzeitig den erfolgten Veränderungen in der pädagogischen Praxis Rechnung tragen.
[DRAVE 2000, S.26]

2.3. DIE AUFGABE DER WERKSTUFE...

Grundlegende Ziele sonderpädogischer Förderung sind:

- Die Verwirklichung des Rechts behinderter und von Behinderung bedrohter Kinder auf ihren individuellen Möglichkeiten basierender schulischer Bildung und Erziehung

- Eine Unterstützung Kinder und Jugendlicher durch individuelle Hilfen

mit dem Ziel, für junge Menschen ein möglichst hohes Maß an schulischer und beruflicher Eingliederung, Teilhabe an Gesellschaft und selbständiger Lebensgestaltung zu erreichen. Dabei sollen vor allem auch Entstehung, Entwicklung und Konsequenz von Behinderung für die individuellen Lebenswege von Kindern und Jugendlichen aufgegriffen werden, um „eine Minderung oder Kompensation der Behinderung und ihrer Auswirkungen zu erreichen."
[DRAVE 2000, S.28f]

Der Begriff *Behinderung* wird in den weiteren Ausführung der **Empfehlungen zur sonderpädagogischen Förderung** ersetzt durch das Begriffskonstrukt *sonderpädagogischer Förderbedarf*. Dieser ist bei allen Kindern anzunehmen, die in ihren „Bildungs-, Entwicklungs- und Lernmöglichkeiten so beeinträchtigt sind, dass sie im Unterricht der allgemeinen Schule ohne sonderpädagogische Unterstützung nicht hinreichend gefördert werden können."
[DRAVE 2000, S.29]

Sonderpädagogischer Förderbedarf ist in Abhängigkeit von den Aufgaben, Anforderungen und Fördermöglichkeiten der jeweiligen Schule zu definieren, lässt sich jedoch nicht an konkreten Anforderungen eines Schulfaches festmachen [vgl. ebd.].

2.3. DIE AUFGABE DER WERKSTUFE...

Die KMK geht in ihrer Konzeption von umfangreichen Auswirkungen durch Beinträchtigungen in der geistigen Entwicklung aus. Von Beeinträchtigung betroffen ist insbesondere

- das situations-, sach- und sinnbezogene Lernen,

- die selbständige Aufgabengliederung, die Planungsfähigkeit und deren Handlungsvollzug,

- das persönliche Lerntempo sowie die Durchhaltefähigkeit im Lernprozess,

- die individuelle Gedächnisleistung,

- die Fähigkeit, sich auf wechselnde Anforderungen einzustellen,

- die Übernahme von Handlungsmustern,

- die Selbstbehauptung und Selbstkontrolle,

- die Selbsteinschätzung und Kontrolle.

[DRAVE 2000, S.267]

Sonderpädagogische Förderung soll, so die EMPFEHLUNGEN, Schüler auf das Erwachsenenleben vorbereiten und Hilfen zur Eingliederung in das Arbeitsleben geben. Besonders der Übergang in die Beschäftigungswelt bedarf umfangreicher Vorbereitungen, für deren Durchführung die Zusammenarbeit mit Eltern, Arbeitsverwaltung, Betrieben, Werkstätten für Behinderte, Berufsschulen, (Handwerks-)Kammern, Fachdiensten zur Eingliederung u.a. notwendig ist.
[DRAVE 2000, S.280]

2.3. DIE AUFGABE DER WERKSTUFE...

Gemeinsamer Unterricht und Untericht an Schulen für geistig Behinderte zielen, so die KMK, auf eine „breit angelegte beschäftigungs- und berufsorientierte Bildung ab." Zur Umsetzung heißt es weiter: „Kooperationsformen mit beruflichen Schulen können dies fördern, Projekte und Praktika dienen der Eingliederung." [DRAVE 2000, S.280]
Für eine solche praxisorientierte Förderung zur Vorbereitung auf Beschäftigung und Arbeit sind: „stets neue Formen der Qualifizierung zu erproben" [vgl. ebd.].

2.3.3 Das *Pforzheimer Modell* an der Gustav HeinemannSchule in Pforzheim - Vorstellung eines lebensnahen und auf die Realität in der Arbeitswelt ausgerichteten Modells zur Ausgestaltung der Übergangsphase Schule – Arbeitswelt für Jugendliche mit geistigen Beeinträchtigungen

Ein im Jahr 1976 mit Partnern des allgemeinen Arbeitsmarktes in der Region Pforzheim/Enzkreis geschaffener Kooperationsverbund[11] legte den Grundstein zum heute bestehenden *Pforzheimer-Modell*[12] zur Eingliederung in die Arbeitswelt von Schülern der Gustav-Heinemann-Schule für Geistigbehinderte.[13]
Diese Schule ist ausdrücklich von Begriffen geprägt wie:

„Kooperation, Öffnung, Koordination, Vernetzung, Synergie, usw."

[BÖHRINGER 1996, S.34]
Die Gustav-Heinemann-Schule versteht sich als offenes System, das, da es selbst nur einen Teil zur Förderung und Erziehung, Bildung und Ausbildung von Menschen beitragen kann, in vielfältigen Beziehungen zu anderen Systempartnern steht. [vgl. ebd.]
Eine Öffnung der Schule ist nach BÖHRINGER schon deswegen notwendig, da das aus dem Leitziel **Selbstverwirklichung in sozialer Integration** abgeleitete Unterrichtsprinzip der Normalisierung in der schulischen Praxis leider sehr oft durch strukturelle, organisatorische oder didaktisch-methodische Unzulänglichkeiten eingegrenzt wird [vgl. ebd.]. Nur durch Öffnung und Orientierung nach außen kann die Schule Partner gewinnen, die sie braucht, um den gesetzlichen Auftrag der Integration in die Gesellschaft erfüllen zu können [vgl. ebd.].

---
[11]Zu diesem Kooperationsverbund gehören Partner aus beispielsweise den Bereichen Metall, Holz, Dienstleistungen, Altenpflege, Hauswirtschaft, Landwirtschaft und Gärtnerei.

[12]Das Pforzheimer Modell wurde 1986 gegründet. Ein frühes Modell wie Vergleiche zeigen: die cba wurde 1985, der Berufsbegleitende Dienst in Reutlingen 1990 und die Hamburger Arbeitsassistenz 1993 gegründet.

[13]In der Gustav-Heinemann-Schule gibt es keine Schüler, die „schwerstmehrfach-behindert" sind, da diese in Pforzheim in einer Schule für Körperbehinderte beschult werden [vgl. BÖHRINGER 1996, S. 33].

2.3. DIE AUFGABE DER WERKSTUFE...

„Die Entwicklungs- und Lernbedingungen von Menschen erfordern eine strukturierte Vorbereitung, Begleitung und Nachbetreuung in den Lebensbereichen Arbeit, Wohnen, Freizeit durch die **Schule**."
[BÖHRINGER 1996, S.40, Hervorhebung im Orig.]
Aus diesem Selbstverständnis ergeben sich abgeleitete Ansätze schulischer Arbeit:

- Die an den Fähigkeiten der Schüler orientierte Perspektive. Das Können steht im Mittelpunkt der Bemühungen, nicht eventuelle Defizite.

- Die Vernetzung mit Arbeitsmarkt (Firmen, Handwerksbetrieben, Dienstleistern, etc.), Schulen, anderen Institutionen (Verbänden, Vereinen, Gesellschaften, etc.) und nicht zuletzt mit Eltern sowie anderen engagierten Privatpersonen.

- Die Öffnung in die Gesellschaft. Nicht in Modellen von Realität, sondern in realer Welt soll gelernt und gelebt werden.

[BÖHRINGER 1996, S.40]
Aufgrund der praktischen Erfahrungen der Schule hat sich ein kombiniertes Vorgehen bei der beruflichen und sozialen Integration der Schüler herausgebildet. Um Lebensbereiche wie Wohnen, Arbeit, Freizeit, Partnerschaft, Öffentlichkeit mit einzubeziehen werden z.T. in wirklichkeits-bezogenen Projekten folgende Schwerpunkte gesetzt:

- „Miteinander arbeiten" trägt dazu bei, geeignete Schüler durch Praktika und Arbeitserprobungen auf mögliche Anforderungen des allgemeinen Arbeitsmarktes vorzubereiten und ihnen dort Beschäftigungsverhältnisse zu vermitteln.

- „Miteinander lernen" im projektorientierten, praxisnahen Unterricht.

- „Miteinander wohnen", bietet den Jugendlichen mit Beeinträchtigung die Möglichkeit, durch betreutes Wohnen ihre Selbständigkeit zu fördern und somit ihre soziale Integration zu verbessern.

[vgl. ebd.].
In der Ober- und Werkstufe[14] sollen die Schüler im Alter von 16-18 Jahren auf den Übergang ins Arbeits- und Berufsleben qualifiziert und vorbereitet werden.
[BÖHRINGER 1996, S.33]

---

[14]Erst im Jahr 1990 wurde an der Gustav-Heinemann-Schule eine Eingliederungswerkstufe als Werkstufe mit besonderem Auftrag eingerichtet.

2.3. DIE AUFGABE DER WERKSTUFE...

Der Unterricht in der Oberstufe basiert auf den Grundsätzen der Selbständigkeit und Lebensnähe. Anforderungen des Lebens in der Gesellschaft sind konsequent in alle Phasen der unterrichtlichen Aktivitäten miteinbezogen. Alltag soll in wirklichkeitsentsprechenden und wiederkehrenden Erfahrungs- und Erprobungsmöglichkeiten als Lernfeld bewusst erschlossen werden.
[BÖHRINGER 1996, S.36]

Die Durchführung von Trainingswohnaufenthalten[15] für die Schüler in der 12 km von der Schule entfernt liegenden und für sie nur mit öffentlichen Verkehrsmitteln zu erreichenden Trainingswohnung, beginnt ebenso wie die Praktika in den Partnerbetrieben bereits in dieser Schulstufe.
[BÖHRINGER 1996, S.40]

Flexible Stundenpläne schaffen Möglichkeiten, eingliederungsrelevante Unterrichtsanteile in ein Verselbständigungskonzept[16] einzubetten.
[TRAUTMANN 2001, S.168f]

Der Aufenthalt in der Eingliederungswerkstufe (Werkstufe mit besonderem Auftrag) dauert wie der Besuch der Oberstufe drei Jahre, kann aber auf Antrag verkürzt oder verlängert werden. Sie hat den offiziellen Auftrag, gemeinsam mit Betrieben die persönliche Weiterentwicklung sowie die Voraussetzung für eine betriebliche Integration des Schülers zu fördern. Die Eingliederungswerkstufe soll eine Ergänzung und Alternative zur „klassischen" Konzeption der Werkstufe sein, in der unter Einbeziehung von außerschulischen Partnern und Unterstützungssystemen bestimmte Schüler, deren Kompetenzen angemessen ausgebildet und gefördert werden können, gezielt auf eine berufliche und soziale Eingliederung außerhalb beschützender Sondereinrichtungen vorbereitet werden. Der schulische Part der Werkstufe dient hierbei der Vertiefung und Festigung der allgemeinen Bildung der Schüler. In der Werkstufe kommen jedoch spezielle neue Lernfelder hinzu, die nach Auffassung der Schule für eine erfolgreiche Eingliederung auf dem allgemeinen Arbeitsmarkt unabdingbar sind [vgl. ebd.].

---

[15]Wesentliche Lernfelder des Trainingswohnens sind: Nutzung der öffentlichen Verkehrsmittel, Selbständiges Einkaufen und Kochen, Umgang mit Geld, Körperhygiene, sich selbständig anziehen, Zeiteinteilung, Sauberhaltung der Trainingswohnung, Wäschepflege und Freizeitgestaltung.

[16]Hierzu gehören die Bereiche Trainingswohnen, Praktika, Mobilisierungstraining und Freizeiterziehung.

Die Anforderungen und Aufgaben sind umfassend strukturiert. Ein neues Aufgabenfeld der Werkstufe ist u. a. die Zusammenarbeit mit dem *Fachdienst*. Diese lässt sich in drei Phasen einteilen.

- In der Vorbereitung vermittelt der Fachdienst bei Bedarf den Lehren Kontakte zu Firmen für Arbeitsplatzerkundungen und Praktika. Somit findet ein gegenseitiger Erfahrungsaustausch bei der Arbeitsplatzakquisition statt (*Vorbereitung*).

- Die Betreuung und Organisation der Betriebspraktika wird von den Lehrern gewährleistet. Die hierbei gemachten Erfahrungen und Eindrücke werden an den Fachdienst weitergeleitet. Lehrer und Fachdienst suchen gemeinsam nach geeigneten Betrieben für das ambulante Arbeitstraining. Absprachen finden in gemeinsamen Teamtreffen statt (*Begleitung*).

- Der Jugendliche befindet sich in einem gestützten Arbeitsverhältnis bzw. Förderlehrgang des Arbeitsamtes. Die Hauptverantwortung liegt nun beim Fachdienst. Aufgabe des Lehrers ist nur noch die Hilfe bei der pädagogischen Realisierung der umzusetzenden Ziele und Inhalte. Der zeitliche Bedarf der schulischen Unterstützung des Jugendlichen richtet sich nach dessen individuellen Bedürfnissen (*Nachbereitung*).

[vgl. ebd.]

2.3.4 Kritische Reflexion der vorgestellten Ansätze und Versuch einer eigenen Positionsbestimmung

Alle drei Konzepte sehen als pädagogischen Auftrag der Schule für Geistigbehinderte/ Praktisch Bildbare die „Selbstverwirklichung in sozialer Integration, bzw. ein sinnerfülltes Leben in möglichst weitgehender Selbständigkeit."

In einigen Bundesländern erfüllt der Schüler mit geistigen Beeinträchtigungen mit dem Besuch der Werkstufe seine Berufsschulpflicht. In Hessen hingegen gehört die Werkstufe zur ganz normalen Regelschulzeit, es ist vorgesehen, dass der Jugendliche danach noch eine Berufsschule oder gegebenenfalls eine Sonderberufsschule besucht.[17]

Zur angemessenen didaktisch-methodischen Durchführung des Unterrichts betrachten alle drei Konzeptionen handlungsbezogene, projektorientierte Unterrichtsformen als geeignete Lehr- und Lernformen.

---

[17] 1990 wurde an der Gustav-Heinemann-Schule in Pforzheim eine Eingliederungswerkstufe eingerichtet.

2.3. DIE AUFGABE DER WERKSTUFE...

Auch m. E. sind diese wie andere offene Formen des Unterrichts der Selbständigkeit und Handlungskompetenz der Schüler besonders förderlich. Schülerorientierte Unterrichtsformen berücksichtigen individuelle Bedürfnisse und Wünsche. Erst Lernen in offenen Situationen, anhand konkreter Handlungsanlässe und am echten Gegenstand ermöglicht den geforderten Realitätsbezug. Dadurch können die Schüler ihre Fähigkeiten und Fertigkeiten testen. Ebenso lernen sie sich und ihr Gegenüber wahrzunehmen und Bedürfnisse oder Probleme anzusprechen. Bei der Themenwahl sollten Probleme bzw. Interessen der Schüler einbezogen werden.

Alle beschriebene Konzepte beinhalten eine Vorbereitung der Schüler auf das Erwachsenenleben in allen Lebensbereichen. Zur Umsetzung dieses Ziels in die Realität bietet sich ganz besonders das **Pforzheimer Modell** an. Hier werden zentrale Anforderungen an junge Menschen mit Beeinträchtigungen nicht nur thematisiert, sondern in einem „pädagogischen setting" konkretisiert. In diesem Zusammenhang gilt ebenso wie für das Lernen: Realität kann nicht ersetzt oder konstruiert werden! Das schönste Modell bleibt letztlich nur ein (künstliches) Abbild. Oder in Anlehnung an BÖHRINGER: Wohnen lernt man dort wo gewohnt wird, mit Mitbewohnern und Nachbarn - nicht in der Schule.
[BÖHRINGER 1996, S.39]

Ähnlich überzeugend ist der Realitätsbezug des PFORZHEIMER MODELLS in all seinen Konsequenzen. Während in vielen Werkstufen Schüler, sogenannte „Werkstücke" meist ohne echten Nutzen und Gewinn, herstellen sollen, wird in Pforzheim kein Aktionismus betrieben, sondern „echte Arbeit" geleistet [vgl. ebd.].

Veränderungen beim Eintritt ins Erwachsenenalter fordern den Menschen mit geistigen Beeinträchtigungen nicht nur im Bereich „Arbeit und Beruf" sondern auch in allen anderen Bereichen. Wünsche nach Unabhängigkeit vom Elternhaus, Partnerschaft, bzw. eventuell der Wunsch zum gemeinsamen Wohnen kommen auf. Die hierfür nötigen Kompetenzen müssen gleichberechtigt vermittelt werden, denn „Selbstverwirklichung in sozialer Integration" kann nur verwirklicht werden, wenn der Jugendliche mit geistigen Beeinträchtigungen auch auf Kompetenzen in den anderen Bereichen zurückgreifen kann. Diese Kompetenzen kann Schule nur durch globale Öffnung und in Kooperation mit anderen beteiligten Stellen schaffen. Im PFORZHEIMER MODELL wird dieses als Pflichtaufgabe von **Schule** gesehen und äußerst erfolgreich umgesetzt.

In den HESSISCHEN UNTERRICHTSRICHTLINIEN bedarf es Kooperation, um „die Einstellung der Umwelt zum Geistigbehinderten zu verbessern."
[HESSISCHERKULTUSMINISTER 1983, S.4]

Selbst in den neuen EMPFEHLUNGEN der KMK wird die *Institution Schule* leider auf diesem Gebiet trotz der Festschreibung umfangreicher Integrationsmöglichkeiten zu keinem stärkeren Engagement aufgefordert. Der Appell zu „enger Zusammenarbeit" müsste um eine konkrete Aufgabenstellung, Kompetenz und Verpflichtung der *Institution Schule* auf diesem Gebiet erweitert werden.
[DRAVE 2000, S.280]

Schule allein kann nicht alles leisten. Schüler brauchen nicht nur Theorie, sondern auch Praxis. Deswegen sind Praktika unverzichtbar für die Schüler, um sie auf ihr Erwachsenenleben vorzubereiten. Nur in Praxis können sie ihre Fähigkeiten und Fertigkeiten in Realsituationen erproben und, nachdem sie alle für sie in Betracht kommenden nachschulischen Möglichkeiten kennen, selbstbestimmt diese für sich abwägen.

In den Rahmenrichtlinien Hessens werden Praktika gar nicht erwähnt, d.h. es obliegt dem jeweiligen Ermessen des Lehrers ob, wo und wie lange er diese durchführt. Im Gegensatz dazu sind Praktika und Betriebserkundungen im PFORZHEIMER MODELL Module des Unterrichtscurriculums. Dort werden Betriebe nicht nur erkundet, sondern partnerschaftlich im Qualifizierungs- und Integrationsprozess der Schüler fest eingebunden.

Diese echte Kooperation trägt maßgeblich dazu bei, dass Schüler in der Region Pforzheim eine echte Chance auf ein normales Arbeitsverhältnis bekommen, während anderenorts trotz der frommen Erklärung „möglichst viele Schüler auf einem geschützten Arbeitsplatz außerhalb der Werkstatt für behinderte Menschen unterbringen zu wollen" leider genau jener schlimme Automatismus vorherrscht:
„Schülerschaft aus der Schule für Geistigbehinderte führt zur Mitarbeiterschaft der Werkstatt für Behinderte."
[JACOBS 1999b, S.5]

Solange dieser Automatismus besteht, ist der pädagogische Auftrag der Schule für Geistigbehinderte, die „Selbstverwirklichung in sozialer Integration" nicht erfüllt. Zur sozialen Integration gehört im Zuge des Normalisierungsprinzips auch berufliche Integration von Menschen mit geistigen Beeinträchtigungen.

Alle erwähnten Konzeptionen betonen die Wichtigkeit der Zusammenarbeit mit dem Elternhaus. Leider fehlen hierzu auch in den KMK-EMPFEHLUNGEN Hinweise zur praktischen Gestaltung sowie Möglichkeiten zu ihrer Umsetzung. Enger Kontakt zwischen Schule und Elternhaus ist unabdingbar. Denn die Einstellung der Eltern bezüglich der beruflichen Perspektive ihrer Kinder haben maßgeblichen Einfluss auf deren Berufswunsch. Ich befürchte jedoch, dass Elternversammlungen ohne entsprechend konkrete Konzepte weiterhin den Charakter „von kleinen Treffen in trauter Runde" behalten.

2.3. DIE AUFGABE DER WERKSTUFE...

Abschließend möchte ich noch anmerken, dass der Vermittlung von sozialer Kompetenz[18] besonders in der Schule für Geistigbehinderte nicht genügend Raum gewährt wird.

Es werden zwar soziale Lernziele formuliert (interssanterweise in den KMK-EMPFEHLUNGEN: die Schule soll den Jugendlichen befähigen, „ ein Leben auch ohne Beruf gestalten zu können") konkrete Vorschläge zur Stärkung sozialer Kompetenz werden hier nicht ausgeführt.

Gerade aber soziale Kompetenz ist für eine Einstellung auf dem Arbeitsmarkt von größter Bedeutung. Hier zeigen sich Schüler in integrativen Schulformen weitaus kompetenter, da sie nach [JACOBS 1993, S.254] „das gemeinsame Leben und Lernen" bereits verinnerlicht haben.

---

[18]Zur sozialen Kompetenz gehören nach Jacobs unabhängig vom beruflichen Qualifikationspotential Schlüsselqualifikationen wie „Leistungsbereitschaft, Zuverlässigkeit, Kommunikationsfähigkeit, Gruppenfähigkeit, Belastbarkeit und Durchhaltevermögen, Bereitschaft und Fähigkeit zur Verantwortungsübernahme, Bereitschaft und Fähigkeit zur Durchsetzung eigener Belange und damit verbundener Konfliktfähigkeit" [JACOBS 1993, S.253].

2.4 Der Stellenwert der Arbeit im Leben des Menschen mit geistigen Beeinträchtigungen– dargestellt an ausgewählten Ansätzen

2.4.1 Nach DIETER SCHARTMANN

Die Tätigkeitstheorie der kulturhistorischen Schule dient DIETER SCHARTMANN (1999) als Ausgangspunkt seines theoretischen Bezugsrahmens in seiner Dissertationsschrift „Persönlichkeitsfördernde Arbeitsgestaltung mit geistig behinderten Menschen"[19], da diese seiner Meinung nach den Zusammenhang zwischen „Arbeit" und „Persönlichkeitsentwicklung" sichtbar macht und zugleich die Subjektgenese aus sich heraus erklärt. SCHARTMANNS Ansatz geht von *Arbeit als Grundlage der Persönlichkeitsentwicklung* aus.

SCHARTMANN verbindet WYGOTSKIs Konzept von Entwicklung auf einer theoretischen Ebene mit BRONFENBRENNERs „Ökologie der menschlichen Entwicklung" und überträgt die Erkenntnisse auf das Thema „Berufliche Integration."
Er betrachtet

> „die berufliche Integration eines behinderten Menschen in den allgemeinen Arbeitsmarkt im Sinne der Persönlichkeitsentwicklung als Zone der nächsten Entwicklung."

[SCHARTMANN 2001, S.35]

In Anlehnung an FEUSER und JANTZEN bezeichnet SCHARTMANN Tätigkeit als: „vermittelnde Instanz zwischen der objektiven gesellschaftlichen Realität und der subjektiven menschlichen Entwicklung." Sie bedeutet stets Subjekthaftigkeit, stellt also den Prozess der Selbstkonstitution des Subjekts dar. Der Mensch gilt demnach nicht als Objekt irgendwelcher Umstände, sondern ist Subjekt seiner selbst.
[SCHARTMANN 2001, S.63]

Tätigkeit ist bei SCHARTMANN[20] die grundlegende Eigenschaft sämtlicher Materie und kann die Kategorie „Arbeit" somit in sich aufnehmen [vgl. ebd.].

Arbeit ist für SCHARTMANN eine: „inhaltlich bestimmte Form der *Tätigkeit*, deren Struktur Allgemeingültigkeit für das menschliche Entwicklungsniveau besitzt." denn: „Tätigkeit ist die grundlegende Eigenschaft jeglicher Materie, die Kategorie Arbeit in sich aufnehmen kann" [vgl. ebd.].

---

[19]inzwischen überarbeitet, in BHP 01/2001 erschienen unter: **Berufliche Integration als Zone der nächsten Entwicklung.**

[20]Er bezieht sich hierbei auf ein Zitat von LEOTNJEW,1973:„Auch das Tier paßt sich mit seiner Tätigkeit der Umwelt an, es eignet sich dabei jedoch niemals die Errungenschaften der phylogenetischen Entwicklung an. Während ihm diese in den natürlichen, angeborenen Besonderheiten gegeben sind, sind sie dem Menschen dagegen in den objektiven Erscheinungen seiner Umwelt aufgegeben."

Auch *Aneignung* ist eine besondere menschliche Art der Tätigkeit. Da Aneignung die Funktion jeglicher Tätigkeit ist und Arbeit ebenfalls eine Form der Tätigkeit darstellt, so folgert SCHARTMANN daraus, dass die Aneignung auch als eine Funktion der Arbeit bezeichnet werden kann [vgl. ebd.].[21]

Menschliche Arbeit in ihrer allgemeinen Struktur und insbesondere die Aneignung als zentrales funktionales Element jedweder Tätigkeit, ist für ihn die Grundlage der Persönlichkeitsentwicklung des Menschen [vgl. ebd]. Persönlichkeit ist also nach SCHARTMANN „das Resultat der menschlichen Aneignung der objektiven Welt"
[SCHARTMANN 2001, S.61].

D.h. der Mensch ist als tätiges, sich aneignendes und in diesem Aneignungsprozess sich selbst veränderndes Subjekt zu verstehen [vgl. ebd.].

2.4.2 Nach WOLFGANG JANTZEN

WOLFGANG JANTZEN bezieht sich bei seinem Ansatz von der Bedeutung menschlicher Arbeit u.a. auf Theorien von KARL MARX und FRIEDRICH ENGELS.

JANTZEN bezieht den MARXSCHEN Gedanken *vom Stoffwechsel des Menschen mit der Natur* auf die bestimmenden Gesellschaftsnormen und erweitert so den Begriff zu *der Stoffwechsel des Menschen mit der natürlichen und Gesellschaftlichen Natur* [JANTZEN 1980, S.111]. „In diesem Stoffwechel" so JANTZEN: „setzt der Mensch seine Arme und Beine, Kopf und Hand in Bewegung, um die Natur willentlich zu unterwerfen, sie zu verändern; indem er dies tut, verändert er sich zugleich selbst, verändert er seine Fähigkeiten, verändert er sich als Mensch" [ebd.].

JANTZEN erklärt den Prozess von Arbeit mit MARX:

„Er (MARX) spricht davon, daß ein bewußter Plan der Tätigkeit vorangeht, daß eine bewußte Antizpation des Produktes vorangeht, eine bewußte Antizipation bezogen auf die gegenständlichen Eigenschaften des Produktes und gleichzeitig ein Bedürfnis vorausgehen. Es erfolgt also eine bewußte Antizipation des Produktes und in einem Prozeß der Tätigkeit werden zur Befriedigung eines Bedürfnisses auf einen Gegenstand bezogene *Mittel* angewendet bis das Produkt erstellt und das Bedürfnis befriedigt ist." [JANTZEN 1980, S.112, Hervorh.im Orig.]

Dieses sind nach JANTZEN die Bestimmungsstücke, die man dem Begriff Arbeit entnehmen kann [ebd.].

---

[21] Aneignung kann sich nur in der und durch die Tätigkeit vollziehen. Den Vorgang bezeichnet SCHARTMANN als Interiorisation.

Mit JANTZEN (nach ENGELS und in Rückgriff auf die kulturhistorischen Schule der sowjetischen Psychologie) ist im Unterschied zum Tier, das sammelt, nur der Mensch fähig zu produzieren. Der Mensch kann darüberhinaus im Unterschied zum Tier, persönlich gemachte Erfahrungen auf zwei Arten weitergeben:

1. durch die Gegenstände, die er geschaffen hat,

2. durch die Sprache.

Das Wesentliche des Menschen ist somit nicht nur die Entfaltung von Erbanlagen oder eine Anpassung an die Umwelt, sondern dass er sich ein gesellschaftliches Erbe aneignen muss [vgl. ebd.].

Sich als Mensch dieses kulturelle Erbe nicht aneignen zu können, bestimmt jedoch nach JANTZEN nicht darüber, geistig behindert zu sein. „Entscheiden" so JANTZEN weiter „wird vielmehr das Faktum, ob der Behinderte fähig ist und bereit ist, seine Arbeitskraft herstellen zu lassen, wiederherstellen zu lassen und auf dem Arbeitsmarkt zu verkaufen."
[JANTZEN 1980, S.19].

Behinderung ist nach JANTZEN „Arbeitskraft minderer Güte"- Arbeit ist also für den Menschen mit Behinderung das Kriterium, an dem im kapitalistischen System im Sinne einer wirtschaftlichen Verwertbarkeit seine Stellung in der Gesellschaft bestimmt wird.
[JANTZEN 1974, S.73]

2.4.3 Nach KURT JACOBS

In seinem Buch: „Autistische Jugendliche – Berufliche Bildung und Integration." betont KURT JACOBS im 1.Absatz des Kapitels: *Zur Bedeutung von Arbeit und beruflicher Integration* den Stellenwert von Arbeit für den Menschen:

„In unserer Gesellschaft ist Arbeit ein Grundrecht."

[JACOBS 1984, S.17]
Spezifisch für menschliche Arbeit ist nach JACOBS

- die bewusste bzw. bewusstseinsfähige Einbindung in Perspektiven und Pläne,

- das Vorausgehen eines bewussten Zieles und

- die Benutzung von gesellschaftlichen Werkzeugen und Sprache zur Realisierung.

Produkte menschlicher Arbeit sind für JACOBS: „Die Verkörperung und Vergegenständlichung geistiger Kräfte und Fähigkeiten" [vgl. ebd.].

Arbeit sieht er im Zentrum sinnerfüllter Lebensgestaltung. Sie bestimmt die Möglichkeiten der Aneignung gesellschaftlicher Realität und damit auch über seinen Platz innerhalb der Gesellschaft. Arbeit beeinflusst darüberhinaus die psychische Entwicklung des Menschen, da jede Entwicklungsstufe durch eine vorrangige Tätigkeit bestimmt ist. Die Arbeitstätigkeit eines Menschen entscheidet darüber, inwieweit er sich weiterentwickeln kann, d.h. sich entfaltet und seine Fähigkeiten und Kenntnisse erweitert.
[JACOBS 1984, S.18].

Arbeit bietet nach JACOBS in der Konfrontation mit der Wirklichkeit einerseits die Chance zu Aneignung und Teilhabe an Gesellschaft. Andererseits entsteht im negativen Fall Isolation und Ausgrenzung. Darüberhinaus versetzt berufliche Arbeit den Menschen in die Lage, abhängig von Inhalt und Struktur seiner Tätigkeit, verändert und gestaltend auf die Umwelt einzuwirken. Dazu muss sich dem Menschen der Sinn seiner Tätigkeit und ein Gesamtzusammenhang seiner individuellen Leistung erschließen. JACOBS: „Ziel und Motiv der Tätigkeit sollten vom arbeitenden Menschen bewußt reflektiert werden, um gezielt verändernd auf die Umwelt einzuwirken" [vgl. ebd.].

Die richtige Abstimmung des Arbeitsplatzes ist für JACOBS für Menschen mit Behinderung wichtiger als bei „nicht behinderten" Menschen:

> „Da die Struktur der Tätigkeit von außerordentlicher Bedeutung für die weitere Entfaltung des Menschen, für seine Denk- und Handlungsfähigkeit ist, ist eine optimale Abstimmung des Arbeitsplatzes auf die Fähigkeits- und Fertigkeitsentwicklung des Menschen notwendig, und zwar um so notwendiger bei ‚behinderten' Menschen, die [...] hinsichtlich der Aneignungsmöglichkeiten eingeschränkt sind und Defizite weniger kompensieren können als ‚nichtbehinderte' Menschen."

[JACOBS 1984, S.19]

2.4.4 Kritisches Resümee der Kernaussagen der vorgestellten Ansätze

Die wichtigsten Thesen zur Bedeutung von Arbeit für den Menschen mit geistigen Beeinträchtigungen lassen sich wie folgt zusammenfassen.

Nach SCHARTMANN ist **Arbeit eine der Grundlagen der Persönlichkeitsentwicklung**. Der Mensch ist als Subjekt seiner durch Tätigkeit erworbenen Lernprozesse zu verstehen. Daraus ergibt sich, dass jeder Mensch, also auch Menschen mit geistiger Beeinträchtigungen, in der Lage sind, sich durch Arbeit (im Sinne von Aneignung der objektiven Welt) in ihrer Persönlichkeit weiterzuentwickeln. Menschen mit geistigen Beeinträchtigungen wird in unserer Gesellschaft für ihre Entwicklung zu wenig Raum, Möglichkeiten und Auswahl an Tätigkeitsfelder angeboten. Sie werden dadurch (in ihrer Entwicklung) **behindert**.

Nach JANTZEN macht erst die Fähigkeit zu produktiver Arbeit den Mensch wirklich zum Menschen. Von der Gesellschaft **wird derjenige (geistig) behindert, der nicht nicht in der Lage ist, sich zum Mensch zu entwickeln** – sich sein Menschsein zu erarbeiten. Denn seine Arbeitskraft wird unter kapitalistischen Maximen als minderwertig abqualifiziert. Der Mensch mit geistigen Beeinträchtigungen wird durch diese gesellschaftliche Setzung am Menschsein gehindert.

Um diese Ausgrenzung zu beenden, muss Menschen mit geistigen Beeinträchtigungen eine gleichberechtigte Teilhabe an Arbeit ermöglicht werden.

JACOBS geht in seinen Forderungen noch weiter, imdem er Arbeit als Menschenrecht ansieht. Arbeit bewertet er als **Zentrum einer sinnerfüllter Lebensgestaltung**.

Besonders die Qualität der Arbeit beeinflusst die individuellen Entwicklungschancen eines Menschen mit geistigen Beeinträchtigungen. Eine abwechslungsreiche, herausfordernde und fördernde Arbeit führt zu Entwicklung von Fähigkeiten und Fertigkeiten; langweilige, monotone und sinnentleerte Arbeit hingegen zu Retardierung.

Qualifizierte Arbeit stärkt das Bewusstsein, etwas Sinnvolles zu leisten, dadurch kann es zu einer Aufwertung des Selbstwertgefühls kommen.

Kapitel 3

Innovatorische Ansätze zur beruflichen Qualifizierung und Integration von Menschen mit geistigen Beeinträchtigungen

3.1 Begriffliches

Wie schon im Titel der Arbeit aufgezeigt, bezieht sich diese Arbeit vordergründig auf Menschen mit sogenannter *geistiger Behinderung*.[1] Ergänzend sei hier angemerkt, dass mit dieser Schwerpunktsetzung keine scharfe Abgrenzung gegenüber Menschen mit sogenannter Lernbehinderung[2] vollzogen werden soll. Eine explizite Trennung macht schon daher keinen Sinn, da einerseits die Übergänge fließend sind und andererseits die Grenzen des einzelnen Menschen nicht in ihm selbst, sondern in gesellschaftlichen Zuschreibungen zu finden sind.

---

[1] Mit der Formulierung „sogenannter geistiger Behinderung" wird die kritische Haltung d.Verf. gegenüber einer Klassifizierung nach Behinderungs- u. Schädigungsarten ausgedrückt. Siehe zum Behinderungsbegriff Kap.2.1., bzw. Vorbemerkung.

[2] Über 80% der insgesamt als behindert bezeichneten Jugendlichen werden der Gruppe der sogenannten Lernbehinderten zugeordnet [GINNOLD 2000a, S.28].

Mit der oben genannten Eingrenzung des Personenkreises soll lediglich eine Gruppe von Menschen fokussiert werden, die am sogenannten Ersten Arbeitsmarkt kaum teilnehmen können.

„Insbesondere geistig behinderte Menschen haben nach den oben dargestellten Daten nur in Ausnahmefällen die Möglichkeit, sich außerhalb der Werkstatt für Behinderte zu qualifizieren. 93% aller geistig behinderten Menschen sind auf die Werkstatt für Behinderte angewiesen. Wer die Übergangsquote von der WfB in den allgemeinen Arbeitsmarkt kennt (sie liegt gegenwärtig trotz aller Bemühungen von Seiten der Integrationsfachdienste und der Kostenträger immer noch bei ungefähr 1%) weiß, dass damit gleichzeitig der weitere berufliche Weg von geistig behinderten Menschen vorgezeichnet ist."

[SCHARTMANN 2000, S.1]

Inzwischen konnten sich in Deutschland eine Vielzahl von Projekten zur Verbesserung des Übergangs Schule–Arbeitswelt etablieren. Im Rahmen der vorliegenden Arbeit werden stellvertretend einige ausgewählte Konzepte vorgestellt, die als Adressaten die eingangs genannte Zielgruppppe betrachten.

3.1.1 Berufliche Qualifizierung als Wesenselement beruflicher Rehabilitation

„Rehabilition" ist aus mehreren Gründen als Begriff nicht gänzlich unproblematisch. Rehabilitation beschreibt keinen einheitlich erfassbaren Sachverhalt, sondern ist unscharf und unterliegt einem Bedeutungswandel. Ürsprünglich versteht sich Rehabilitation mit JACOBS. „als Maßnahmebündel zur Wiedereingliederung in die Gesellschaft für den Menschen, der bereits im Arbeitsproß stand und seine Leistungsfähigkeit durch Unfall, Krankheit oder eine andere Schädigung verloren hat." [JACOBS 1984, S.41]

Dieser Begriff hat sich inzwischen auch auf internationaler Ebene geändert. Schon seit den 80ger Jahren bezeichnet Rehabilitation auch Maßnahmen die eine Ersterlangung von Fähigkeiten zum Ziel haben, somit ist die Adressatengruppe erweitert worden. Der Begriff Rehabilitation[3] bezieht sich nun auch auf Menschen, die sich zum Zeitpunkts der Beeinträchtigung ihrer Arbeitskraft noch nicht im Arbeitsprozess befinden [vgl. ebd.].

---

[3]Im Sozialrecht gibt es für den Begriff der Rehabilitation keine allgemeinnverbindliche Definition. M.E. wohl, da Rehabilitation in Deutschland dezentral den unterschiedlichen Bereichen des gegliederten sozialen Sicherungssystems zugeteilt ist.

3.1. BEGRIFFLICHES 41

Das gesellschaftliche Interesse an beruflicher Rehabilitation liegt in der ökonomischen Verwertbarkeit des Menschen mit geistigen Beeinträchtigungen. Vorrangig sind für die Maßnahmen zur beruflichen Rehabilitation die Träger der Rentenversicherung zuständig, doch wenn keine versicherungsrechtlichen Voraussetzungen zutreffen, kommt eine Zuständigkeit der Bundesanstalt für Arbeit in Betracht.

Eine nicht nur auf Teilgebiete bezogene sondern umfassende Rehabilitation ist nach THUST: zitiert in [JACOBS 1984, S.41] „die Gesamtheit aller Maßnahmen, die eine Behinderung verhüten, beseitigen oder mildern, dem Behinderten die Ausübung eines Berufes oder einer angemessenen Tätigkeit ermöglichen, ihn soweit wie möglich unabhängig von Pflege machen und ihm die Teilnahme am Leben in der Gemeinschaft ermöglichen oder erleichtern."

Umfassende Rehabilitation beinhaltet Maßnahmen in fünf Bereichen (medizinische, psychologische, pädagogische, berufliche und soziale Rehabilitation), die parallel oder in planvoller Abfolge durchgeführt werden sollten [vgl. ebd].

Ziel aller Rehabilitationmaßnahmen bleibt dabei stets die volle Integration in die Gesellschaft im Sinne einer **sozialen Rehabilitation**. Erreicht ist diese wenn es dem Menschen mit Beeinträchtigungen gelingt, selbstbestimmt in einer selbst gewählten und gesellschaftlich akzeptierten Lebensform zu größtmöglicher Teilnahme in der Gesellschaft zu finden [vgl. ebd, S.43].

Ein zentrales Element zur Schaffung von sozialer Rehabilitation ist die berufliche Rehabilitation. Berufliche Rehabilitation ist, so JACOBS „Mittel zu einer sinnvollen und menschenwürdigen Lebensführung" [vgl. ebd.] und schafft Möglichkeiten sozialer Anerkennung und Selbstbestätigung.

Hilfen zu beruflichen Rehabilitation müssen nach JACOBS neben spezifischen Berufsqualifikationen demnach stets auch Förderung von Selbständigkeit, Vorbereitung auf das Erwachsenenleben sowie die Weiterentwicklung von Persönlichkeit durch berufliche Qualifikation und allgemeine Bildung beinhalten. Maßnahmen von beruflicher Rehabilitation schließen auch weiterführende Hilfen mit ein, die ein Mensch mit Beeinträchtigungen braucht, seinen Arbeitsplatz zu sichern, um damit auch seinen erreichten Stand an Selbstverwirklichung und gesellschaftlicher Teilhabe erhalten zu können [vgl. ebd].

Damit eine oben beschriebene berufliche Rehabilitation die genannten Ziele erreichen kann, bedarf es einer umfassenden planmäßigen beruflichen Qualifizierung, an der alle Institutionen beteiligt sein müssen, die für einen Übergang von Schule in die Arbeitswelt von Bedeutung sind.
[JACOBS 1998, S.369]

Der Faktor berufliche Qualifikation bestimmt maßgeblich (im Sinne einer beruflischen Rehabilitation) über mögliche Eingliederungschancen von Menschen mit geistigen Beeinträchtigungen auf den Arbeitsmarkt. Ohne darüberhinausgehende Maßnahmen zur sozialen Rehabilation bleibt berufliche Rehabilitation fragmentarisch und kann nicht zu einer beruflichen Integration führen.
[JACOBS 1998, S.366]

Mit JACOBS: „Die berufliche Rehabilitation, die begrifflich von Medizinern und Verwaltungsfachleuten häufig mit dem Begriff der beruflichen Integration synonym verwendet wird, ist innerhalb dieses Prozesses also der Weg, während die berufliche Integration das Ziel darstellt." [vgl. ebd.]

3.1.2 Berufliche Integration – Was ist das eigentlich ?

Im Unterschied zu beruflicher **Rehabilitation**, die von einer Schädigung, bzw. Beeinträchtigung und damit einem defizitorientiertem Begriff von Behinderung ausgeht, folgt der Ansatz von beruflicher **Integration** anderen Annahmen.

Berufliche Integration, als logische Weiterführung von bereits im vorschulischen und schulischen Bereich erfolgreich umgesetzter gemeinsamer Erziehung von behinderten und nichtbehinderten Kindern und Jugendlichen, basiert auf den Prinzipien der Integrationspädagogik.

3.1. BEGRIFFLICHES

[GINNOLD 2000a, S.39] formuliert folgende Grundlagen, die Integration kennzeichnen, befördern und ermöglichen:

- **Integration ist ein Grundrecht**, auf das jeder ein Anrecht hat.

- **Integration ist unteilbar**–sie lässt keine Ausnahmen zu.

- **Ökosystemischer Behinderungsbegriff**, d.h. Behinderung liegt vor, wenn ein Mensch auf Grund einer Leistungsminderung ungenügend in sein vielschichtiges Mensch-Umfeld-System integriert ist.

- **Akzeptanz der Verschiedenheit**. Es ist >normal<, verschieden zu sein.

- **Fähigkeiten** – sind der Ausgangspunkt allen pädagogischen Handelns.

- **Selbstbestimmung**. Eigene Kontrolle über und Wahlmöglichkeiten für ein selbstbestimmtes Leben in gesellschaftlicher Teilhabe.

- **Assistenz**. Der Mensch als Subjekt und nicht als Objekt.

- **Normalisierungsprinzip**. Nicht alle g l e i c h m a c h e n, sondern g l e i c h b e r e c h t i g e n.

- **Anpassung der Institution** – an die Klientel und nicht umgekehrt.

- **Wohnortnahe Integration** – ohne „Herausreissen" aus sozialem Umfeld.

- **Kompetenztransfer** – im Prozess Handelnde sind gleichberechtigt, Kompetenzen werden ausgetauscht.

- **Eltern sind Expertinnen und Experten** – und werden als solche miteingebunden.

- **Kooperation im Sinne eines Ergebnisses**, das mehr ist als die Summe einzelner Teile.

Das Ziel von Beruflicher Integration ist vor allem auch gemeinsames Leben, Lernen und Arbeiten [vgl. ebd].

Während des Sonderpädagogischen Kongresses des VDS (Fachverband für Behindertenpädagogik): „Entwicklungen - Standorte -Perspektiven" 1998 definierte JACOBS **berufliche Integration** als:

„ein umfassendes Maßnahmenbündel, mit dem der jugendliche Berufsanwärter mit Behinderung nach der Entlassung aus der allgemeinbildenden Sonderschule oder aus integrativen Klassen der Allgemeinen Schule mit dem Ziel einer beruflichen Ausbildung oder der Aufnahme einer beruflichen Tätigkeit in private oder öffentlich-rechtliche Betriebe des allgemeinen Arbeitsmarktes eingegliedert wird."

[JACOBS 1998, S.366]

Integriert werden bedeutet dabei für den Jugendlichen, nicht in eine Behinderteneinrichtung gehen zu müssen. Jugendliche Berufsanwärter können, wie sie es in ihrem bisherigen Lebenslauf auch gewohnt waren, nach den Prinzipien von Normalisierung und Selbstbestimmung, weiterhin in Interaktion mit nichtbehinderten Menschen, vor allem auch mit solchen ihrer Altersstufe, bleiben. „Sondereinrichtungen zur beruflichen Ausbildung oder zur Aufnahme einer beruflichen Tätigkeit werden hiermit vermieden."
[JACOBS 1998, S.366]

Die stufenweise Umsetzung von beruflicher Integration in der Praxis beschreibt JACOBS wie folgt: „Weiterhin bezieht sich berufliche Integration unter Wahrung der Prinzipien von Normalisierung und der selbstbestimmten Lebensführung auf alle Maßnahmen, durch die behinderten Beschäftigten in Sondereinrichtungen (z.B. Werkstatt für Behinderte) zumeist über mehrere Stufen hinweg (Betriebspraktikum, Arbeitserprobung, Beschäftigungsverhältnis) der Weg geebnet wird, die Sondereinrichtung zu verlassen, um eine Beschäftigung in einem privaten oder öffentlich-rechtlichen Betrieb des allgemeinen Arbeitsmarktes, abgesichert durch den Abschluss eines tarifrechtlich verbindlichen Arbeitsvertrages, aufzunehmen."
[JACOBS 1998, S.366]

Erreicht ist nach JACOBS „echte berufliche Integration" wenn (bezogen auf FEUSER) ein „gemeinsames Arbeiten von behinderten und nichtbehinderten Beschäftigten am gemeinsamen Gegenstand realisiert wird" [vgl. ebd.].

3.2 Modelltheoretische Grundlagen

3.2.1 Das hessische Konzeptionspapier (HKP) zur Schaffung und Finanzierung von Arbeits-, Ausbildungs- und Beschäftigungsplätzen außerhalb von Werkstätten für Behinderte

3.2.1.1 Grundsätzliches

Das Hessische Konzeptionspapier (HKP) wurde im Sommer 1989 von der Arbeitsgruppe „Außenarbeitsplätze in Hessen" [4] herausgegeben[5]. In ihm spiegeln sich die seit Mitte der 80er Jahre in Gang gekommenen Bemühungen zur beruflichen Integration wider.
[TRAUTMANN 2001, S.86]

In der Umsetzung des Hessischen Konzeptionspapiers soll eine weitgehende Normalität für den Menschen mit Beeinträchtigungen erreicht werden, d.h. er soll unter möglichst normalen Bedingungen an der allgemeinen Arbeitswelt teilnehmen. Daher soll die Werkstatt für behinderte Menschen (WfbM) nicht die einzige berufliche Perspektive für die dort tätigen körperlich, geistig und seelisch Behinderten sein. Dabei müssen die aus der Art und Schwere der Behinderung resultierenden Defizite durch begleitende, persönliche und finanzielle Hilfe ausgeglichen werden.
[ARBEITSGRUPPEAUSSENARBEITSPLÄTZEINHESSEN(HRSG.) 1991, S.7]

Das Hessische Konzeptionspapier sollte dabei zunächst als Sammlung von Informationsmaterial und Handreichung für Behindertenwerkstätten bei der Erschließung von Beschäftigungsverhältnissen für Menschen mit Behinderung auf dem allgemeinen Arbeitsmarkt dienen.
[PROJEKTBERUFLICHEINTEGRATION(PBI) 1995, S.16]

Ziele des HKP waren u.a., Anregungen zu geben und Hilfestellungen für die Verwirklichung von Außenarbeitsplätzen anzubieten.
Adressaten waren zunächst einerseits:
- die Mitglieder der Fachausschüsse, die im Einzelfall die Möglichkeit einer Beschäftigung außerhalb der Werkstätten prüfen und angehen sollten
und andererseits:
- unterschiedliche Arbeitgeber, denen Unterstützungsleistungen und Finanzierungsmöglichkeiten aufgezeigt werden sollen.
[TRAUTMANN 2001, S.86]

---

[4]Bestehend aus Vertretern des Landeswohlfahrtsverbands Hessen, des Hessischen Sozialministeriums (jetzt: Hessisches Ministerium für Frauen, Arbeit und Sozialordnung), des Landesarbeitsamts Hessen, des hessischen Landtags, des hessischen Städtetags, der Landesarbeitsgemeinschaft der Werkstätten für behinderte Menschen und der Liga der freien Wohlfahrtspflege in Hessen.

[5]Aufgrund hoher Nachfrage wurde im Mai 1991 die zweite leicht modifizierte und im August 1991 bereits die dritte Auflage herausgegeben [vgl. TRAUTMANN 2001, S.86].

Im Zwischenbericht (2 Jahre PBI) wird die Intention des HKP wie folgt konkretisiert:

„Die zentrale Botschaft des HKP ist die Reformulierung des originären WfB- Auftrages in § 54 (1) SchwbG."
[PROJEKTBERUFLICHEINTEGRATION(PBI) 1995, S.17]
Damit soll der Durchgangscharakter der Werkstatt für behinderte Menschen ins Gedächtnis zurückgerufen und Wege zur Umsetzung geschaffen werden. Oberstes Ziel ist demnach die Eingliederung bzw. Wiedereingliederung der Rehabilitanten in den allgemeinen Arbeitsmarkt.
[ARBEITSGRUPPEAUSSENARBEITSPLÄTZEINHESSEN(HRSG.) 1991, S.9]
Dieses Streben kann aber nur erreicht werden, wenn Arbeitsämter, Schulen, Werkstätten für behinderte Menschen und zuständige Kostenträger gemeinsam hieran arbeiten [vgl. ebd.].
Dabei stellen Schwerbehindertengesetz, Arbeitsförderungsgesetz und Bundessozialhilfegesetz, sowie deren Ausführungsbestimmungen die Grundlage einer erfolgreichen und finanziell abgesicherten Vermittlung auf den allgemeinen Arbeitsmarkt dar.
[ARBEITSGRUPPEAUSSENARBEITSPLÄTZEINHESSEN(HRSG.) 1991, S.8]
Das Hessische Konzeptionspapier bietet zwei „exponierte Instrumentarien" zur praxisfördernde Unterstützung der beruflichen Integration von Menschen mit geistigen Beeinträchtigungen.
[KRATZER-MÜLLER 1997, S.2]
Einerseits das „**Stufenmodell**" welches einen schrittweisen Übergang in ein reguläres Arbeitsverhältnis auf dem allgemeinen Arbeitsmarkt ermöglicht, und andererseits die „**Fachkraft für Außenarbeitsplätze**" - jetzt: „Fachkraft für berufliche Integration" [ebd.].

Nach [JACOBS 1998, S.368] stellt dabei das sogenannte Stufenkonzept „das Herzstück des HKP dar, [...] das eine sanfte berufliche Integration für Menschen mit Behinderungen aus der Werkstatt hin auf den allgemeinen Arbeitsmarkt ermöglicht." Im folgenden sollen die beiden Anknüpfungspunkte zur Integration ausführlich dargestellt werden.

3.2.1.2 Das Stufenkonzept des HKP

Das Stufenkonzept in Hessen bietet jungen Menschen mit geistigen Beeinträchtigungen die Chance eines dreistufig verlaufenden Übergangs in den allgemeinen Arbeitsmarkt. Es wird daher als „Modell der sanften beruflicher Integration" betrachtet, welches mit seinen Stufen gleichsam ein „Instrumentarium für sanfte Übergänge" bietet.
[PROJEKTBERUFLICHEINTEGRATION(PBI) 1995, S.17]

3.2. MODELLTHEORETISCHE GRUNDLAGEN

Die drei Phasen bauen aufeinander auf, sie sind in ihrer Abfolge sonder- und berufspädagogisch planmäßig.
[PROJEKTBERUFLICHEINTEGRATION(PBI) 1995, S.18]

Die erste Stufe beinhaltet ein Betriebspraktikum im einem Betrieb des allgemeinen Arbeitsmarkt, einer Behörde, etc. Dieses Praktikum, das flexibel zwischen 4 bis 6 (zuweilen bis 8) Wochen dauern kann, gibt sowohl dem Menschen mit geistiger Beeinträchtigung als auch dem Arbeitgeber die Gelegenheit, herauszufinden, ob Teilnehmer und Arbeitsstelle zueinander passen.
[KRATZER-MÜLLER 1997, S.3]

Der Praktikant stellt im Verlauf des Praktikums fest, inwieweit seine Vorstellung von einer gewünschten Tätigkeit mit dem realen Berufsprofil übereinstimmt und, ob die Tätigkeit seinem Neigungsprofil entspricht. Sollten hier Differenzen deutlich werden, kann der Teilnehmer auf Wunsch jederzeit auf seinen angestammten Arbeitsplatz in der WfbM zurückkehren. Er bleibt dort weiterhin angestellt, sodass für den Arbeitgeber keine Kosten entstehen oder eventuelle Übernahmezusagen gemacht werden müssen [vgl. ebd.].

Der Arbeitgeber überprüft währenddessen, inwieweit der Praktikant seinen gestellten Aufgaben und Anforderungen gerecht werden kann und ob beteiligte Vorgesetzte und Arbeitskollegen im Betrieb motiviert und fähig sind, ein solches Vorhaben mitzutragen. Dieser Prozess beschreibt ein risikoloses Aufeinanderzugehen und Miteinandererproben.
[KRATZER-MÜLLER 1997, S.3]

In der zweiten Stufe folgt bei anhaltendem beiderseitigen Interesse an der Fortsetzung einer Zusammenarbeit die bis zu sechs Monate[6] dauernde Arbeitserprobung.

Diese Stufe soll dazu dienen, die Leistungsfähigkeit des Mitarbeiters mit geistiger Beeinträchtigung und dessen Integration in den betrieblichen Alltag kritisch zu prüfen.
[KRATZER-MÜLLER 1997, S.3f]

---

[6] „Ist nach Ablauf eines halben Jahres noch nicht erkennbar, ob der Behinderte geeignet erscheint, einen Arbeits- bzw. Beschäftigungsplatz außerhalb der WfB einzunehmen, so kann die Erprobungsmaßnahme um bis zu weitere 6 Monate verlängert werden" [ARBEITSGRUPPE AUSSENARBEITSPLÄTZE 1991, S. 19].

Zu betonen ist, dass diese Stufe auch auf beiderseitigen Wunsch ausgelassen oder verkürzt werden kann, um durch Abschluss eines Beschäftigungsvertrages[7] direkt auf die dritte Stufe des Modells zu gelangen: dem ausgelagerten Beschäftigungsverhältnis.

Grundlage hierfür ist ein Beschäftigungsvertrag, der zunächst i.d.R. für ein Jahr abgeschlossen, beiden Seiten die Freiheit gibt, sich über die Modalitäten des Anstellungsverhältnisses zu einigen. Hier können konkrete Absprachen getroffen werden über Bezahlung, Urlaubsanspruch, Arbeitsausfall, Arbeitsplatzbetreuung, u.v.m. [vgl. ebd.]

Dabei ist zu beachten, dass die Lohnnebenkosten (Kranken-, Rentenversicherung) weiterhin im Rahmen der Pflegeversicherung von der WfB übernommen werden. Der behinderte Mitarbeiter bleibt somit weiterhin Mitglied der örtlichen WfB und wird durch sie auf seinem „Außenarbeitsplatz" betreut [vgl. ebd.].

Nach Ablauf dieser dreistufigen Phase kann es zu einem regulären Anstellungsverhältnis mit festem Arbeitsvertrag kommen. Sollte diese vierte Stufe nicht erreicht werden, kann der behinderte Mitarbeiter in die WfB zurückkehren oder einen nächsten Vermittlungsversuch beginnen. [KRATZER-MÜLLER 1997, S.3]

Initiiert, unterstützt und koordiniert werden diese Eingliederungsmaßnahmen i.d.R. von einer Fachkraft für berufliche Integration [vgl. ebd.].

3.2.1.3 Die Fachkraft für Außenarbeitsplätze (Jetzt: Fachkraft für berufliche Integration)

Sie ist gewissermaßen der „**Schlüssel**" zur Ausgangstür aus der WfbM. Die Fachkraft für berufliche Integration ist eine Planstelle in der Werkstatt für behinderte Menschen.
[KRATZER-MÜLLER 1997, S.4]

---

[7]Ein solcher Vertrag wird in der Regel für die Dauer eines Jahres abgeschlossen und klärt Modalitäten der Anstellung, wie „Beginn und Dauer sowie Art und Umfang der Beschäftigung, die Höhe des zu zahlenden Beschäftigungsentgeltes mit Angabe der Berechnungsweise, die Urlaubsregelung für den Beschäftigten einschließlich der Lohnfortzahlung während der Urlaubszeit, die tägliche Arbeitszeitregelung, Art und Form der Zusammenarbeit des Beschäftigungsgebers mit der Werkstatt für Behinderte, Sicherung der sozialen Betreuung am Arbeitsplatz [und der] Regelung der Unfallversicherung" [ARBEITSGRUPPE AUSSENARBEITSPLÄTZE 1991, S. 21].

3.2. MODELLTHEORETISCHE GRUNDLAGEN 49

Das Hessische Konzeptionspapier kann diese Stelle sichern, wenn erste Vermittlungsbemühungen seitens der antragstellenden WfbM nachweisbar sind und eine dem HKP entsprechende Konzeption vorgelegt wird, die darüber informiert,„wie die Einrichtung auf Dauer qualifizierte behinderte Mitarbeiter auf den allgemeinen Arbeitsmarkt begleiten und vermitteln kann" [vgl. ebd.].

Der Fachkraft für berufliche Integration kommt innerhalb der WfbM die Funktion eines Motors und Multiplikators zu. Sie gilt als Akteur und Garant für dauerhafte und erfolgreiche Integration in den allgemeinen Arbeitsmarkt.[8]
[PROJEKTBERUFLICHEINTEGRATION(PBI) 1995, S.31]

Die Fachkraft zu beruflichen Integration untersteht i.d.R. der Werkstattleitung und ist in der WfbM meist dem Sozialen Dienst zugeordnet, dementsprechend sind Qualifikation und Bezahlung geregelt [vgl. ebd.].

Wichtig für eine erfolgreiche Eingliederungsarbeit ist neben enger Kooperation mit Leitung und Sozialem Dienst, vor allem die Einbindung der Fachkraft für Integration in das Gesamtgeschehen der WfbM. Die Werkstatt trägt das Risiko nicht kostendeckender Vermittlungsarbeit allein.[9]
[PROJEKTBERUFLICHEINTEGRATION(PBI) 1995, S.33f]

Aufgabe von Fachkräften für Integration muss sein, Menschen mit Beeinträchtigungen in Ausbildungs- bzw. Arbeitsverhältnisse, in Praktikums- sowie Beschäftigungsplätze (Außenarbeitsplätze) und in systematisch geplante und umgesetzte Qualifizierungsmaßnahmen zu vermitteln, die auf der Grundlage eines mit dem hessischen Landeswohlfahrtsverband abgestimmten Förderkonzeptes basieren.[10]
[PROJEKTBERUFLICHEINTEGRATION(PBI) 1998, S.103]

Hierzu zählen im besonderen, die Begleitung bei der Berufsfindung, Arbeitsplatzakquise u. -gestaltung, Qualifizierung über Praktika in reguläre Arbeitsverhältnisse, Ideenentwicklung im Zusammenhang mit Beratung von Arbeitgebern und das Erstellen von individuellen Förderplänen [vgl. ebd.].

---

[8]Es handelt sich bei der Fachkraft für berufliche Integration also um „eine Art Arbeitsassistenten, der mit den von ihm eingeleiteten und weiter auszubauenden Kooperationskontakten mit den Betrieben des allgemeinen Arbeitsmarktes der Region ein echtes Scharnier der Ausgangstür der Werkstatt darstellt." [JACOBS 1998, S.368]
[9]Seit der ab 1.1.1995 eingeführten Verstetigungsregelung der Fachkraft für Außenarbeitsplätze ist eine Restkostenfinanzierung im Re-finanzierungsmodell nicht mehr möglich.
[10]Auskunft über aktuelle Vermittlungsanforderungen gibt der Landeswohlfahrtsverband Hessen, Dezernat 20.

Zielgruppe der Integrationsprozesse sind Werkstattmitarbeiter mit Beeinträchtigungen, die an einer Beschäftigung außerhalb der Werkstatt für behinderte Menschen Interesse zeigen bzw. bei denen unter bestimmten persönlichen, rechtlichen und sachlichen Rahmenbedingungen eine solche Beschäftigung möglich ist.
[PROJEKTBERUFLICHEINTEGRATION(PBI) 1998, S.97]

Die größtenteils selbständige Tätigkeit der Fachkraft für berufliche Integration, die sowohl gegenüber den Klienten als auch gegenüber den betrieblichen Ansprechpartner verantwortlich zu gestalten ist, verlangt Kenntnisse der Institutionsstrukturen und der Klientel.
[PROJEKTBERUFLICHEINTEGRATION(PBI) 1995, S.31]

Das Gelingen der Fachkrafttätigkeit kann einer WfbM entscheidende neue Impulse geben, die sie:

„als Chance nutzen kann, Kooperationskontakte auszubauen, ihre gesellschaftliche Akzeptanz zu sichern und künftig nicht nur potentiell als Einrichtung beruflicher Rehabilitation zu gelten."

[PROJEKTBERUFLICHEINTEGRATION(PBI) 1998, S.155]

Andererseits erfordert die Umsetzung des HKP großes Engagement und stellt hohe Anforderungen an Werkstätten für behinderte Menschen. Viele Werkstätten konnten dafür allein nicht die erforderliche Kraft aufbringen. Um dennoch den Prozess der beruflichen Integration von Menschen mit Beeinträchtigungen voranzubringen, wurde im Jahre 1993 das Projekt Berufliche Integration (PBI) eingerichtet.
[KRATZER-MÜLLER 1997, S.6]

3.2.1.4 Das PBI als Impulsgeber zur Umsetzung des hessischen Konzeptionspapiers

Da die Umsetzung des Hessischen Konzeptionspapiers nicht recht in Gang kam, regte das Hessische Sozialministerium (jetzt: Hessisches Ministerium für Frauen, Arbeit und Sozialordnung, abgekürzt: HMFAS) im Frühjahr 1992 einen Gedankenaustausch und damit verbunden das Modellprojekt „Berufliche Integration von Menschen mit Behinderung" an.
[TRAUTMANN 2001, S.92]

Das Forschungs- und Beratungsprojekt begann am 01.04.1993 mit seiner Arbeit. Ursprünglich war die Laufzeit des Projekts auf drei Jahre begrenzt, wurde jedoch aufgrund seines Umsetzungserfolges verlängert und lief schließlich Ende 1996 aus [vgl. ebd].

Prof. Dr. Kurt Jacobs von der Johann-Wolfgang Goethe Universität in Frankfurt a.m. übernahm die Leitung des Projekts, um das HKP und dessen Umsetzung zu beleben und die Ursachen, Probleme und Hemmnisse aufzudecken und zu benennen, die für die stagnierende Umsetzungspraxis des hessischen Konzeptionspapiers verantwortlich zu machen sind.
[TRAUTMANN 2001, S.96]

Mit ursprünglich drei Projekt-Außenmitarbeitern, zuständig für die verschiedenen Regionen des Bundeslandes Hessen, wurde ein für Hessen flächendeckendes Beratungsnetz für alle 96 Haupt- und Zweigwerkstätten in Hessen aufgebaut.
[JACOBS 1998, S.369]

Mit dem Ziel, den Werkstätten für behinderte Menschen Impulse zu geben, sich mit Hilfe eines spezifischen Beratungsangebotes wieder auf ihre ursprüngliche Funktion zu besinnen, nämlich ein Ort beruflicher Rehabilitation und nicht eine Dauereinrichtung zur Schaffung von Dauerarbeitsplätzen für behinderte Beschäftigte zu sein [vgl. ebd.].

Das Aufgabengebiet des Projekts umfasste die Bereiche: Beratung, Vernetzung (Mutiplikatorenarbeit) und wissenschaftliche Beleitung (Dokumentation).
[PROJEKTBERUFLICHEINTEGRATION 1998, S.240f]

3.2. MODELLTHEORETISCHE GRUNDLAGEN

1. Beratung:

   - Im Mittelpunkt stand die Qualifizierung und Vorbereitung der Menschen in der Werkstatt für behinderte Menschen auf die Anforderungen des allgemeinen Arbeitsmarktes.[11]
   - Die Fachkraft für Außenarbeitsplätze sollte gleichermaßen in ihrer Arbeit beraten und unterstützt werden.
   - Beschäftigungsangebote waren zu suchen und die sie umsetzenden Firmen über den Zeitraum eines dort durchgeführten Betriebspraktikums oder einer Arbeitserprobung hinaus zu beraten.
   - Zusätzlich gehörte zu diesem Gebiet die Ausarbeitung von Strategien der Öffentlichkeitsarbeit sowie der Akquisition von Arbeit und Ressourcen.

2. Vernetzung:[12]

   - Hilfestellungen bei der Einbeziehung des regionalen Umfeldes sowie überregionaler Stellen sollten gegeben werden.
   - Eine überregionale Multiplikatoren- und Politikberatungsarbeit war zu leisten.

3. Wissenschaftliche Begleitung und Dokumentation:

   - Eine Bestandsaufnahme der Eingliederungssituation war zu erheben.
   - Beratungs- und Multiplikatorenarbeit galt es zu dokumentieren.
   - Alle Aktivitäten und durchgeführte Maßnahmen wurden evaluiert.

---

[11]Hierbei stützte sich das Projekt bei seinem Beratungsangebot für Gruppenleiter im Berufsbildungs- und Arbeitsbereich der Werkstatt für behinderte Menschen auf das Detmolder Lernwege-Modell, „ein effizientes didaktisch-methodisches System im beruflichen Qualifizierungsprozeß" [JACOBS 1998, S.369].

[12]„Zur Intensivierung und Optimierung der beruflichen Qualifizierung im Arbeitstrainingsbereich (ATB) der Werkstätten wurden ‚runde Tische' organisiert, in denen die an diesem Prozeß beteiligten Akteure (wie z.B. die Werkstufe der Sonderschule, Arbeitsverwaltung, Berufsschule, AT-Bereich der WfB) behutsam und sensibel in eine Phase kreativer gemeinsamer Förderplanung und -umsetzung eintreten konnten. Kooperationsfördernd wirkten auch diverse Informations- und Fortbildungs-veranstaltungen, die zum einen der Intensivierung der Öffentlichkeitsarbeit und zum anderen als Forum der am beruflichen Qualifizierungs- und Integrationsprozeß beteiligten Akteure dienten"[PBI 1998, S. 22].

3.2. MODELLTHEORETISCHE GRUNDLAGEN 53

Es entstanden zwei Gruppen zur Unterstützung der Aufgaben und Ziele des Modellprojekts. Zum einen die Projektbegleitung[13].

Sie erfasste mögliche Problemstellungen und beriet über Lösungsversuche. Zum anderen der Projektbeirat[14]. Er machte es sich zur Aufgabe, bei der Festlegung weiterer Arbeitsziele mitzuwirken, den Projektträger organisatorisch und ideell zu unterstützen, Berichte entgegenzunehmen, die Anliegen des Projekts gegenüber öffentlichen und privaten Arbeitgebern bekanntzugeben und Empfehlungen zur Schaffung von Beschäftigungsmöglichkeiten für Menschen aus den Werkstätten für behinderte Menschen zu erarbeiten.
[PROJEKTBERUFLICHEINTEGRATION(PBI) 1994, S.12]

Die Gruppen trafen sich regelmäßig mit den Vertretern des PBI [vgl.ebd.].

Durch die zahlreichen Institutionen bewegte sich das PBI „mit seinem Auftrag auf örtlicher, regionaler und überregionaler Ebene in einer komplexen Kommunikationsstruktur."
[PROJEKTBERUFLICHEINTEGRATION(PBI) 1994, S.13]

Es stellte sich schon nach kurzer Anlaufzeit heraus, dass eine Konzentration und Festlegung auf die Umsetzung des Hessischen Konzeptionspapiers nicht den sich stellenden Erfordernissen entsprechen konnte. Die Interaktionsdynamik der initiierten Prozesse führte zur Ausweitung des Auftrages zur Entwicklung und allmählichen Realisierung der Grundsätze **Vielfalt, Qualifizierung, Öffnung, Vernetzung**.
[JACOBS 1997, S.6]

Diese vier Grundsätze bildeten das Zentrum der Bemühungen, sie bestimmten über die gesamte Laufzeit hinweg die Inhalte, Methoden und Ziele der Projektarbeit.
[PROJEKTBERUFLICHEINTEGRATION 1997, S.21]

Durch Vernetzung entstanden weitverzweigte Kontakte.[15]

---

[13]Der Projektbegleitung setzte sich zusammen aus Vertretern des Hessischen Ministeriums für Frauen, Arbeit und Sozialordnung, der Hauptfürsorgestelle, des Landessozialamtes, des Landesarbeitsamtes, des Kultusministeriums und der Projektgruppe [TRAUTMANN 2001, S.94].

[14]Der Projektbeirat bestand aus verschiedenen privaten und öffentlichen Institutionen. Unter anderem gehörten dazu Vertreter des Hessisches Ministerium für Frauen, Arbeit und Sozialordnung, des Hessischen Kultusministeriums, der Hauptfürsorgestelle, des Landes-sozialamts, des Landesarbeitsamts, des Hessischen Landkreistags, des Hessischen Städtetags, der Landesarbeitsgemeinschaft der Werkstätten für Behinderte, der Vereinigung hessischer Unternehmer, der Gewerkschaften, der Schwerbehindertenvertretung, der Betroffenen-, Selbsthilfe- und Behindertenorganisationen, der Projektgruppe selbst und dem Beauftragten der Landesregierung für die Angelegenheiten Schwerbehinderter in der Landesverwaltung [TRAUTMANN 2001, S.94].

[15]So förderte beispielsweise die Mitarbeit in der europäischen Arbeitsgemeinschaft „Heilos II" sogar Kontakte zu europäischen Partnern [TRAUTMANN 2001, S.95].

Kooperationsangebote des PBI richteten sich an:

- Werkstätten für behinderte Menschen,

- Eltern-, Selbsthilfe- und Behindertenorganisationen,

- Beschäftigungsinitiativen und Firmenprojekte,

- Betriebe der öffentlichen und privaten Wirtschaft sowie Verwaltungen,

- Arbeitgeber- und Arbeitnehmervereinigungen,

- Regionale und überregionale Arbeits- und Sozialverwaltungen,

- Sozialpolitische Verbände und politische Organisationen,

- die verschiedenen Medien wie Presse, Rundfunk, Fernsehen und „Neue Medien".

[PROJEKTBERUFLICHEINTEGRATION(PBI) 1994, S.9f]
Durch das erweiterte Projektselbstverständnis, das vergrößerte Aufgabengebiet der Projektgruppe „Berufliche Integration von Menschen mit Behinderungen" gewann diese an Bedeutung, so dass konsequenter Weise dem Projektleiter das Angebot offeriert wurde, ein Projektdesign zum Aufbau von Integrationsfachdiensten in Hessen zu entwickeln, auf dessen Basis Möglichkeiten zum Aufbau von Integrationsfachdiensten in einigen Schwerpunktstandorten Hessens entwickelt und realisiert werden sollten.
[TRAUTMANN 2001, S.96]

Zusätzlich erielt das PBI für den Zeitraum vom 01.01.-31.12.1997 von seinen Auftraggebern den Anschlussauftrag: „in vier ausgewählten Regionen (davon sind drei deckungsgleich mit Regionen des Modellprojekts Integrationsfachdienste) einerseits die bereits bestehenden Kooperationsstrukturen aber auch die noch vorhandenen Kooperationsdefizite bei den am beruflichen Rehabilitations- und Integrationsprozeß beteiligten Diensten und Institutionen (zu untersuchen), um schließlich auf der Basis der Ergebnisevaluation Vorschläge für Möglichkeiten und Formen einer Kooperationsoptimierung und zum Aufbau noch nicht vorhandener Vernetzungsstrukturen zwischen den einzelnen Diensten und Institutionen zu entwickeln." [JACOBS 1997, S.10]

3.2.2 Die Berufsausbildungskonzeption der Bundesvereinigung Lebenshilfe

In ihrem Grundsatzprogramm fordert die **Bundesvereinigung Lebenshilfe für Menschen mit geistiger Behinderung e.v.** (kurz Lebenshilfe) schon 1990 zum Thema Arbeit:

„Es müssen verstärkt Anstrengungen unternommen werden, die Möglichkeiten der Eingliederung auf den allgemeinen Arbeitsmarkt zu erweitern."

[BUNDESVEREINIGUNGLEBENSHILFEE.V 1999, S.4]
Diese Forderung begründet die BUNDESVEREINIGUNG LEBENSHILFE e.V. mit dem Grundrecht auf Arbeit und Ausbildung, das auch für Menschen mit geistigen Beeinträchtigungen gilt. Es müssen für diese Personengruppe nur passende Ausbildungsmöglichkeiten erschlossen werden.[16]
Zu erreichen ist dieses nur, so die Lebenshilfe, durch:

- bessere berufliche Qualifizierung und Ausbildung;

- Erhöhung der Aufnahmebereitschaft von Arbeitgebern für Menschen mit geistiger Beeinträchtigungen;

- Bereitstellung begleitender Dienste zur Arbeitsplatzbetreuung von Menschen mit geistiger Beeinträchtigungen

[vgl. ebd.]

---

[16] „Die Vorstellung der ‚Versorgung' von Menschen mit geistigen Beeinträchtigungen als wesentliches Kriterium für die Planung von Angeboten und Hilfen wird somit auch für das Berufsleben abgelöst durch neuere Leitvorstellungen"[BUNDESVEREINIGUNGLEBENSHILFEE.V 1999, S.4].

3.2. MODELLTHEORETISCHE GRUNDLAGEN

Zur Realisierung der Forderungen schlägt die Lebenshilfe ein umfassendes „Struktur- und niveauorientiertes Ausbildungskonzept" vor, welches drei verschiedene Ausbildungsmöglichkeiten enthält, damit möglichst viele Menschen mit ihren individuellen Fähigkeiten integriert werden können [vgl. ebd].

Für die Berufsausbildung sollen „alle in diesem Rahmen denkbaren Möglichkeiten ausgeschöpft werden":

- eine aus einem nach § 48 BBiG bzw. § 42 HwO anerkannten Ausbildungsberuf abgeleitete, Komplexitätsreduzierte dennoch anerkannte Ausbildung auf Berufsfeldbreite [17].

- eine anerkannte Ausbildung in einem Teilbereich (Modul) eines Ausbildungsberufes mit Inhalts- und Zielidentität zur Vollausbildung oder zu einer der gestuften Ausbildungen. Je nach den individuellen Möglichkeiten sind bei dieser Form der Ausbildung jedoch auch Stufungen möglich [vgl. ebd.].[18]

- eine anerkannte Ausbildung in einem speziellen Baustein eines Ausbildungsberufes mit Inhalts- und Zielidentität zur Vollausbildung oder zu einer der gestuften Ausbildungen.[19]

Alle diese Ausbildungsmöglichkeiten sind für eine Laufzeit von drei Jahren konzipiert[20], an deren Ende ein anerkanntes Zertifikat ausgestellt wird, in dem die erworbenen Teilqualifikationen dokumentiert sind. [BUNDESVEREINIGUNGLEBENSHILFEE.V 1999, S.22]

Zur praktischen Umsetzung dieser Konzepte sieht die Lebenshilfe drei Modelle beruflicher Ausbildung vor.

---

[17]Die Lebenshilfe hat dazu konkrete Ausbildungsrahmenpläne für einige Berufsausbildungen ausgearbeitet (Fertigungshelfer, Helfer im Gartenbau, Helfer im Haus- und Pflegedienst) [BUNDESVEREINIGUNGLEBENSHILFEE.V 1999, S.32ff].

[18]Die Lebenshilfe hat hierzu einen Ausbildungsplan in einer Modulgruppe zum Metallbauer in Fachrichtung Konstruktionstechnik, sowie in der Berufsausbildung zum Tischler vorgelegt [BUNDESVEREINIGUNGLEBENSHILFEE.V 1999, S.45ff].

[19]Hierzu legt die Lebenshilfe einen Ausbildungsplan zum Metallbauer, Fachrichtung Konstruktionstechnik vor [BUNDESVEREINIGUNGLEBENSHILFEE.V 1999, S.48f].

[20]Im Rahmen eines insgesamt fünfjährigen Gesamtkonzepts.

3.2. MODELLTHEORETISCHE GRUNDLAGEN

Modell 1: Integrationsmodell beruflicher Ausbildung
Der Ausbildungsweg orientiert sich in diesem Modellvorschlag an einem dualen System der beruflichen Qualifizierung mit einem betrieblichen und schulischen Anteil [vgl. ebd., S.50]. Die berufliche Ausbildung wäre wie folgt zu gestalten:

- Maßnahmen der Berufswahlvorbereitung (Unterricht und Praktika) im Rahmen der Sekundarstufe I;

- Suche und Wahl eines geeigneten Ausbildungsplatzes (möglichst Dauerarbeitsplatz) in einem Betrieb der freien Wirtschaft unter Berücksichtigung der zu erwartenden Leistungsfähigkeit des Auszubildenden in gemeinsamer Verantwortung von Elternhaus, Berufsberatung, abgebender Schule und „Arbeitsassistenz";

- Abschluss eines regulären Ausbildungsvertrages zwischen Betrieb und Auszubildendem in Anlehnung an die Helfer- und Werkerberufe;

- Ausbildung an vier Tagen pro Woche im Ausbildungsbetrieb;

- Erfüllung der Berufsschulpflicht innerhalb einer dem gewählten Tätigkeitsfeld des behinderten Auszubildenden entsprechenden Fachklasse (Integrationsklasse). Die schulrechtlichen Rahmenbedingungen hierfür müßte die jeweilige Kultusbehörde analog zu den Integrationsklassen im Bereich der Sekundarstufe I schaffen;

- Feststellung der während der Ausbildungszeit erworbenen Qualifikationen in einem individuell formulierten Abschlusszeugnis, unter Beteiligung von Berufsschule, Ausbildungsbetrieb, Arbeitsverwaltung und der jeweiligen Kammern

[vgl.ebd.].
Für eine erfolgreiche Umsetzung dieses Modells müssen sonderpädagogisch qualifizierte Berufsschullehrer und Arbeitsassistenten konstruktiv zusammenarbeiten [vgl.ebd.].
Als Modellvariante wäre es möglich, um die rechtlichen Voraussetzungen für eine solche individuelle Ausbildung zu schaffen, die Trägerschaft der Ausbildung den Berufsschulen zuzuweisen und den betrieblichen Teil im Sinne eines Praktikantenverhältnisses zu gestalten [vgl.ebd., S.51].

Modell 2: Berufliche Ausbildung an einem Berufsbildungswerk (überbetriebliche Ausbildung)
Für die berufliche Ausbildung an einem Berufsbildungswerk müßten zunächst die Aufnahmekriterien sowie die Aufgaben und Ziele entsprechend des Personenkreises von Menschen mit geistigen Beeinträchtigungen neu gestaltet werden [vgl. ebd., S.52].

Falls die entsprechenden Rahmenbedingungen geschaffen wurden, sind mehrere Ausbildungsformen denkbar:

- kooperative Form:
  Menschen mit geistigen Beeinträchtigungen werden in einem eigenen Ausbildungsgang innerhalb des Berufsbildungswerkes auf ein spezifisches Berufsbild hin ausgebildet werden [vgl. ebd.].

- integrative Form:
  Berufliche Ausbildung für diesen Personenkreis wird an die vom Berufsbildungswerk angebotenen Berufsbilder angenähert, bzw. in die dortige Ausbildung integriert [vgl. ebd.].

Eine dem Berufsbildungswerk angeschlossene Berufsschule vervollständigt das Konzept [vgl. ebd].

„Die Orientierung der Ausbildung im Berufsbildungswerk zum allgemeinen Arbeitsmarkt und der enge Kontakt zur Arbeitsverwaltung können besonders den als schwer vermittelbar geltenden Menschen mit geistiger Behinderung Hilfen bei der Arbeitsplatzfindung geben und den Übergang auf den allgemeinen Arbeitsmarkt am Ende der Ausbildung erleichtern."

[BUNDESVEREINIGUNGLEBENSHILFEE.V 1999, S.53]

Modell 3: Berufsausbildung im Verbund von Förderschule und Werkstatt für behinderte Menschen

Das Modell „Berufsvorbereitende Einheit (BVE)" baut auf das bereits bestehenden Netz beruflicher und sozialer Rehabilitation auf. BVE geht davon aus, dass berufliche Ausbildung unkoordiniert von zwei verschiedenen Einrichtungen betrieben wird. BVE soll als Kooperationsmodell zwischen der Werkstufe, dem Berufsbildungsbereich und anschließend dem Arbeitsbereich der Werkstatt für behinderte Menschen vom Schulträger und der Arbeitsverwaltung gemeinsam getragen werden. Das Ausbildungskonzept der BVE will bestehende Ausbildungsgänge so gliedern und ergänzen, sodass eine geregelte und anerkannte Ausbildung im Sinne der §§ 44, 48 BBiG entsteht [vgl. ebd.].

3.2. MODELLTHEORETISCHE GRUNDLAGEN 59

Berufsausbildung erstreckt sich in diesem Modell über vier Stadien:

1. Die berufliche Grundbildung (in der Werkstufe);

2. Die berufsbild-orientierte Berufsausbildung (Schlüsselqualifikation statt Speicherwissen);

3. Die berufliche Eingliederung (arbeitsplatzbezogene Aufgabe des „Arbeitstrainings" , in einer WfbM oder in einem Betrieb des allgemeinen Arbeitsmarktes);

4. Die berufliche Fort- und Weiterbildung des Menschen mit geistigen Beeinträchtigungen

[vgl. ebd.].

Mindestanforderungen an eine berufsvorbereitende Einheit, die zu erfüllen sind, umfassen:

- Berufsausbildung unter dem Aspekt sonder- und berufspädagogischer Erfahrungen;

- Alte und neue Funktions- und Arbeitszusammenhänge im Berufsleben von Menschen mit geistigen Beeinträchtigungen werden in Ausbildungskonzepte eingebunden;

- Auf der Basis von Ausbildungsgängen werden entsprechende Berufsbezeichnungen für Menschen mit geistigen Beeinträchtigungen erstellt

[BUNDESVEREINIGUNGLEBENSHILFEE.V 1999, S.53f].

3.2.3 Das ambulante Arbeitstraining als Hamburger Sonderweg

Seit 1996 bietet die Hamburger Arbeitsassistenz, Fachdienst für die berufliche Integration von Menschen mit Beeinträchtigungen, neben einer Vermittlung in „unterstütze Arbeitsverhältnisse" auch die berufsorientierende und qualifizierende Maßnahme „**Ambulantes Arbeitstraining** an."[21]

Mit dieser Maßnahme soll „insbesondere für SchulabgängerInnen aus Sonderschulen oder Integrationsklassen ein Angebot geschaffen werden, sich im Übergang von der Schule in den Beruf auf ein Unterstütztes Arbeitsverhältnis in einer integrativen betrieblichen Orientierungs- und Qualifizierungsphase vorzubereiten."
[HAMBURGERARBEITSASSISTENZ(HRSG.) 1998, S.1]

---

[21] Seit 1998 bietet die Hamburger Arbeitsassistenz zusätzlich die sich anschließende einjährige Maßnahme „Integrationspraktikum" an
[HAMBURGERARBEITSASSISTENZ(HRSG.) 1998, S.1].

3.2. MODELLTHEORETISCHE GRUNDLAGEN 60

Die Durchführung dieser bislang neu und in Deutschland einzigartigen Maßnahme wird als Modellprojekt mit dem Titel „Integrative berufliche Orientierung und Qualifizierung von Menschen mit Behinderung im Übergang von Schule in den Beruf" über den Europäischen Sozialfond/Gemeinschaftsinitiative BESCHÄFTIGUNG[22] komplementär gefördert [vgl. ebd.].

Arbeitsassistenz gilt als Schlüsselfaktor bei der beruflichen Integration:„Am erfolgversprechendsten für eine gelingende berufliche Integration von jungen Menschen mit Lernschwierigkeiten ist eine individuelle, praxisnahe Qualifizierung, am besten in einem Betrieb des allgemeinen Arbeitsmarkts mit Unterstützung von außen (Arbeitsassistenz), weil in aller Regel niemand in den Betrieben Erfahrung mit der Anleitung von jungen Menschen mit Behinderung hat."
[SCHOLDEI-KLIE 2001, S.5]

Der erste Teil dieses speziellen Unterstützungsangebot für Abgänger aus Sonder- und Integrationsklassen ist das zweijährige „Ambulante Arbeitstraining". Innerhalb dieser Zeit wird den Jugendlichen eine berufliche Orientierung und Vorbereitung sowie eine branchenspezifische Qualifizierung vermittelt.
[HAMBURGERARBEITSASSISTENZ(HRSG.) 1997, S.16]

Kernstück des „Ambulanten Arbeitstrainings" sind mehrere fachlich strukturierte Praktika in Betrieben des allgemeinen Arbeitsmarkts. Praktikanten werden am betrieblichen Arbeitsplatz nach individuellen Erfordernissen durch Arbeitsassistenten des Fachdienstes unterstützt und qualifiziert [vgl. ebd.].

Grundlage der Praktikumsverläufe sind individuelle Qualifizierungspläne, die sich an den Berufsbildern der entsprechenden Branchen richten. Vorgegebene Leistungsstandards werden an die Zielgruppe angepasst [vgl. ebd.].

Sämtliche Praktikumsverläufe werden dokumentiert und zertifiziert, damit möglichen Arbeitgebern konkret vermittelt werden kann, welche beruflichen Kenntnisse und Fähigkeiten der Bewerber besitzt.
[HAMBURGERARBEITSASSISTENZ(HRSG.) 1997, S.17]

Qualifizierungsmaßnahmen im „Ambulanten Arbeitstraining" zeichnen sich durch enge Kooperation aus. So gehen Arbeitsassistenten in die Berufsschule, während umgekehrt Berufsschullehrer in die Praktikumsbetriebe gehen [vgl. ebd.].

Teilnehmer am „Ambulanten Arbeitstraining" erhalten zunächst den Status eines Mitarbeiters im Berufsbildungsbereich (BBB) einer Werkstatt für behinderte Menschen (WfbM), können jedoch unmittelbar nach Ende ihrer Pflichtschulzeit direkt in eine Maßnahme des Ambulanten Arbeitstrainings gehen. Aber auch bereits im BBB der WfbM Beschäftigte können die verbleibende Zeit ihres Arbeitstrainings im Ambulanten Arbeitstraining verbringen [vgl. ebd.]

---

[22]Programm HORIZON, Laufzeit 1998-2000.

Nach Abschluss des „Ambulanten Arbeitstrainings" kann sich für den jugendlichen Berufsaspiranten entweder ein unterstütztes Arbeitsverhältnis, ein einjähriges Integrationspraktikum oder eine Beschäftigung im Produktionsbereich einer Werkstatt für behinderte Menschen anschließen.
[HAMBURGERARBEITSASSISTENZ(HRSG.) 1997, S.17]

3.3 Orte beruflicher Qualifizierung im Hinblick auf die Umsetzung beruflicher Integrationsprozesse

Unabhängig davon, ob junge Menschen mit geistigen Beeinträchtigungen im gemeinsamen Unterricht von Behinderten und Nichtbehinderten beschult werden oder eine andere Einrichtung wie z.b. die Schule für Praktisch Bildbare besuchen, endet die Vollzeitschulpflicht nach neun Schuljahren. [23]

Nach Ende der Vollzeitschulpflicht verlassen junge Menschen[24] mit geistigen Beeinträchtigungen die Institution Schule. Ihre berufliche Qualifikation wird in anderen Institutionen fortgesetzt. In einigen Bundesländern wie z.B. in Baden-Württemberg schließt sich unmittelbar an das Ende der Regelschulpflicht eine dreijährige Werkstufe an.[25]

---

[23]in Ausnahmefällen kann auf Elternantrag die Vollzeitschulpflicht um bis zu drei Jahren verlängert werden.
[HESSISCHESKULTUSMINISTERIUM 1999, S.34]
[24]Schulabgänger sind i.d.R. zwischen 18 und 25 Jahre alt.
[BUNDESVEREINIGUNGLEBENSHILFE(HRSG.) 1996, S.31]
[25]Die sogennante „Eingliederungswerkstufe."

3.3.1 Die Werkstatt für behinderte Menschen im neuen Gewand: Qualifizierungs- und Öffnungsprozesse mit Blick einer beruflichen Integration der Beschäftigten auf dem allgemeinen Arbeitsmarkt.

Die Werkstatt für behinderte Menschen (WfbM)[26] hat ihren Charakter als „Beschützende Werkstatt" in den letzten 20 Jahren gewandelt[27] zu einem betriebswirtschaftlich geführten mittleren bis kleinen Industrieunternehmen.[28]
[SPECK 1998, S.514]
Nach dem SGB IX[29] ist die Werkstatt für behinderte Menschen eine Institution zur Eingliederung von Menschen mit Behinderung in das Arbeitsleben.

> „Sie hat denjenigen behinderten Menschen, die wegen Art oder Schwere der Behinderung nicht, noch nicht oder noch nicht wieder auf dem allgemeinen Arbeitsmarkt beschäftigt werden können, 1. eine angemessene berufliche Bildung und eine Beschäftigung zu einem ihrer Leistung angemessenen Arbeitsentgelt aus dem Arbeitsergebnis anzubieten und 2. zu ermöglichen, ihre Leistungs- oder Erwerbsfähigkeit zu erhalten, zu entwickeln, zu erhöhen oder wiederzugewinnen und dabei ihre Persönlichkeit weiterzuentwickeln."

[BUNDESMINISTERIUMFÜRARBEITUNDSOZIALORDNUNG 2001b, § 136, S.164f]

Darüberhinaus hat die WfbM noch einen Qualifizierungsauftrag für eine Integration von Arbeitnehmern mit geistigen Beeinträchtigungen in den allgemeinen Arbeitsmarkt:

> „Sie fördert den Übergang geeigneter Personen auf den allgemeinen Arbeitsmarkt durch geeignete Maßnahmen. Sie verfügt über ein möglichst breites Angebot an Berufsbildungs- und Arbeitsplätzen sowie über qualifiziertes Personal und einen begleitenden Dienst."

[ebd.]

---

[26]mit dem SGB IX wurde aus „Werkstatt für Behinderte (WfB)" nunmehr die „Werkstatt für behinderte Menschen (WfbM)", siehe auch Abschnitt 3.5 sowie Anhang.
[27][PROJEKTBERUFLICHEINTEGRATION 1998, S.237]
[28]Dieses wird nichtzuletzt dadurch deutlich, dass viele WfbM mittlerweile in nach ISO 9001 zertifizierte gGmbH umgewandelt wurden.
[29]SGB IX § 136: Begriff und Aufgaben der Werkstatt für behinderte Menschen (1) Die Werkstatt für behinderte Menschen ist eine Einrichtung zur Teilhabe behinderter Menschen am Arbeitsleben im Sinne des Kapitels 5 des Teils 1 und zur Eingliederung in das Arbeitsleben.

Dieser Anspruch stellt die meisten WfbM vor ein scheinbar unlösbares Problem; zuerst nämlich langfristig Mitarbeiter ausbilden zu müssen, um sie schließlich gut qualifiziert als Leistungsträger an den ersten Arbeitsmarkt zu vermitteln und damit für die eigene Produktion zu verlieren.
[WENDT 2000, S.3f]

Diese Problematik motiviert mitunter Werkstätten für behinderte Menschen nicht zu großen Integrationsbemühungen.

„Ebensowenig wie vor 15 Jahren die Reformbewegung für die Schulintegration von den Eltern/Schülern ausging und nicht von den Sonderschulen, kann nicht von den WfB erwartet werden, daß sie sich zu Pionieren einer Reformbewegung macht, die ihre ‚Leistungsträger der Produktion' auf den allgemeinen Arbeitsmarkt vermittelt."

[ebd., S.4]

Das Spannungsverhältnis zwischen pädagogisch-integrativem Anspruch und ökonomischen Anforderungen kann jedoch durchaus positive Impulse für die Entwicklung der WfbM haben.

Eine „Aufhebung (nicht Lösung)" dieser Problematik sieht die Projektgruppe Berufliche Integration von Menschen mit geistiger Behinderung (PBI) in dem fortschreitenden Bestreben der Werkstätten nach Anschluss an die Anforderungen des allgemeinen Arbeitsmarktes und den damit erreichbaren Ergebnissen in Form ansprechender Arbeitsangebote für diese Menschen, inhaltlicher Anerkennung der Gruppenleiterarbeit in der WfbM und gesellschaftlicher Anerkennung.
[PROJEKTBERUFLICHEINTEGRATION(PBI) 1995, S.25]

Ziel der Werkstatt für behinderte Menschen sollte es demnach sein, den „pädagogischen Auftrag" und die „betriebswirtschaftliche Orientierung" zu verknüpfen, denn nur so kann es zu einer Weiterentwicklung der Werkstatt kommen [vgl. ebd].

Der Zielkonflikt kann also auch durchaus konstruktiv sein, man muss nur bewusst mit ihm umgehen, denn berufliche Qualifizierung bringt einen persönlichen Bildungsgewinn und erhöht gleichzeitig Produktivität.
[PROJEKTBERUFLICHEINTEGRATION(PBI) 1995, S.59]

Erst, wenn sich ein egalisierendes Menschenbild mehr und mehr durchsetzen kann, werden berufliche Qualifizierungsprozesse im Sinne von Berufsbildung als echter Menschenbildung, Eingang in die WfbM finden.
[JACOBS 1998, S.365].

Ein Vorgang, der mit JACOBS:„zumindest als Silberstreifen am Horizont der WfB bereits zu entdecken ist." [ebd.]

Auf Grund neuerer wissenschaftlicher Untersuchungen und langfristiger Umsetzung der Ergebnisse in die Praxis sieht JACOBS inzwischen überzeugend bewiesen:

„dass ein Mensch bei Vorliegen einer geistigen Behinderung dieser nicht hilflos als Opfer ausgeliefert ist, sondern auf der Basis eines individuellen Förderplans in bisher nicht vermutetem Umfang lern- und entwicklungsfähig ist."

[ebd.]
Damit gehört das weitverbreitete und vorurteilsbeladene Bild vom Menschen mit geistiger Behinderung, der nach der Schulentlassung in der sich anschließenden Werkstatt für Behinderte auf einfachste und niedrigste Tätigkeiten abgerichtet wird, endgültig der Vergangenheit an! [vgl. ebd.].

Für die Werkstatt für behinderte Menschen bedeutet eine Umsetzung des Normalisierungs- und Integrationsprinzip eine Öffnung und Anpassung ihres Selbstverständnisses. Gemeinsames Lernen und Leben, wie es sich in den letzten zwanzig Jahren bereits in gemeinsamen Kindergärten und Schulen für Menschen mit und ohne besondere Lebenserschwernisse etablieren konnte, muss sich auch auf berufliche Bildung erweitern und als einzig logische Konsequenz zu gemeinsamen Arbeiten führen [vgl. ebd.].

Auch für die WfbM können diese Prozesse sehr fruchtbar sein. Sie profitieren wiederum von wachsender Vielfalt des Arbeitsangebotes, einer größeren Öffnung der Werkstätten für behinderte Menschen hin auf den allgemeinen Arbeitsmarkt und von Vernetzung mit anderen Beteiligten und Interessierten der Region [vgl. ebd.].

3.3.1.1 Reformbestrebungen im Arbeitstrainingsbereich, jetzt: *Berufsbildungsbereich*

Die Einrichtung des sogenannten Trainingsbereiches wurde den Werkstätten für Behinderte ohne jegliche Vorbereitung per Gesetz verordnet.
[JACOBS 1988, S.190][30]

Dadurch wurden die WfB überraschend mit einer neuen Situation konfrontiert, bzw. einer Aufgabe betraut, die sie nicht leisten konnten [vgl. ebd.].

---

[30] 3. Verordnung zur Durchführung des Schwerbehindertengesetzes vom 13.8.1980, nach § 4 dieser Verordnung haben die Werkstätten „berufsfördernde Bildungsmaßnahmen (Einzelmaßnahmen und Lehrgänge) zur Verbesserung der Eingliederungsmöglichkeiten in das Arbeitsleben unter Einschluß angemessener Maßnahmen zur Weiterentwicklung der Persönlichkeit des Behinderten durchzuführen." [SCHWARZMÜLLER 1997, S.75f]

Verschiedene Probleme wurden in den Werkstätten deutlich:

- Geeignete Räume zum Lernen mussten gefunden und eingerichtet werden.
- Für diese Aufgabe qualifiziertes Personal musste gefunden, bzw. eingestellt werden.
- Inhaltliche Vorstellungen zur Umsetzung des Auftrages waren zu erarbeiten.
- Zusammenarbeit mit dem Produktionsbereich musste aufgebaut werden.
- Arbeitsbegleitende Maßnahmen waren zu organisieren.

Viele Werkstätten sahen sich nicht in der Lage diese Schwierigkeiten zu lösen. Sie fühlten sich überfordert und sahen den Sinn dieser qualifizierenden Berufsausbildungsgänge eher in stupidem Antrainieren an Stelle einer Berufsbildung [vgl. ebd.].

Jungen Schulabgängern mit geistigen Beeinträchtigungen wurden durch diese defektorientierte statische Vorstellung von Entwicklung jegliche Bildungsfähigkeit von vornherein abgesprochen.
[JACOBS 1998, S.365]

Diese Entwicklung hat ihren Niederschlag auch in entsprechende Gesetzestexte gefunden:

> „Institutionell spiegelt sich dies darin wider, dass so z.B. in den entsprechenden gesetzlichen Grundlagen und Verordnungen (Schwerbehindertengesetz, Werkstättenverordnung) oder bei der Bezeichnung der Fördereinrichtungen in Bezug auf Menschen mit geistiger Behinderung lediglich immer von Arbeit oder von Arbeitsförderung oder wie in der Werkstättenverordnung von Arbeitstraining, niemals aber von Berufsbildung oder von Berufsausbildung, geredet wird."

[JACOBS 1998, S.365]

Die Umbenennung in Berufsbildungsbereich beendet die Zeit des Begriffes „Arbeitstrainingsbereich". Seit vielen Jahren wird dieser Begriff und der damit beschriebene Versuch einer beruflichen Qualifizierung für Menschen mit geistigen Beeinträchtigungen durch „Arbeitstraining" kritisiert.

Dietrich Anders brachte die Zustände im März 1994 auf die markante Formel: „Arbeitstraining - falscher Inhalt/falscher Begriff" (ANDERS in [JACOBS 1998, S.365]). Er kritisierte in einem Zeitungsartikel zurecht die Diskriminierung von Menschen mit geistigen Beeinträchtigungen, indem man sie, die seit über 40 Jahre[31] Schulbildung erfahren, für berufsbildungsunfähig hält.
[JACOBS 1999a, S.207]

Ob sich außer dem Namen Grundlegendes im BBB der WfbM ändert, wird sich zeigen. Die Rahmenbedingungen im Berufsbildungsbereich sind die alten geblieben.[32] Die Erwartungen der Werkstatt an den BBB lassen sich aktuell immer noch zusammenfassen mit:

- schnellem Qualifizieren der Mitarbeiter zur Ausführung wirtschaftlich verwertbarer Arbeiten;

- Entdecken der Neigung und Eignung der Mitarbeiter für den Arbeitsbereich;

- Eingliedern der Mitarbeiter in die Werkstatt für behinderte Menschen;

[WEBER 2000, S.7]

Die Berufliche Qualifikation in der WfbM findet ebenso wie das Eingangsverfahren[33] im Berufsbildungsbereich (früher: Arbeitstrainingsbereich)[34] der Werkstatt statt. Die Teilnahme an berufsbildenden Lehrgängen ist für Menschen mit geistigen Beeinträchtigungen nicht verpflichtend vorgeschrieben. Sie können auch direkt oder nach kurzer Einarbeitungszeit in den Produktionsbereich der WfbM überwechseln.

Der Berufsbildungsbereich ist unterteilt in zwei Kurse mit einer Dauer von je zwölf Monaten.[35] Im Grundkurs sollen Fertigkeiten und Grundkenntnisse verschiedener Arbeitsabläufe vermittelt werden, darunter Kentnisse und manuelle Fertigkeiten im Umgang mit verschiedenen Werkstoffen und Werkzeugen. Zugleich soll das Selbstwertgefühl des Menschen mit geistigen Beeinträchtigungen und die Entwicklung des Sozial- und Arbeitsverhalten gefördert sowie Schwerpunkte der Eignung und Neigung gefunden werden.
[JACOBS 1988, S.189]

---

[31] 1958 wurde in Hessen die erste Schule für geistig behinderte Kinder gegründet [JACOBS 1999a, S.207].

[32] Siehe dazu auch Anhang.

[33] Das Eingangsverfahren kann bis zu drei Monaten, der Berufsbildungsbereich bis zu zwei Jahre dauern, finanziert werden beiden Verfahren seit 1979 durch die Bundesanstalt für Arbeit. SGB IX, §40

[34] Laut SGB IX, Artikel 55 - Änderung der Werkstättenverordnung / Schwerbehindertengesetz vom 01.7.2001

[35] Siehe dazu § 4 der Werkstättenverordnung im Anhang.

Im folgenden Aufbaukurs sollen Fertigkeiten mit höherem Schwierigkeitsgrad, z.B. im Umgang mit Maschinen geübt werden. Darüberhinaus werden Fähigkeiten zu größerer Ausdauer und zur Umstellung auf unterschiedliche arbeitstypische Belastungen ausgebaut [vgl. ebd.].

„Der Auftrag der Werkstatt für Behinderte besteht aber weder nur in der Erziehung von Leistung, noch nur in der Persönlichkeitsentwicklung und auch nicht in einem Nebeneinander von beruflicher Bildung und Persönlichkeitsentwicklung, sondern in ganzheitlicher Persönlichkeitsentwicklung in beruflichen Bezügen und der dadurch ermöglichten Selbstverwirklichung durch sinnhaftes Tätigsein im beruflichen Leben mit anderen."

(GRAMPP 1998, S.370 in:[TRAUTMANN 2001, S.54])

3.3.1.2 Gruppenleiter im Berufsbildungsbereich

Gruppenleiter im Berufsbildungsbereich haben sowohl einen berufsbildenden als auch sozial- und arbeitspädagogischen Auftrag, in dem sich persönlichkeitsfördernde Maßnahmen und berufliche Bildung ergänzen sollen.
[GLASSL 1996, S.25]
Schwierigkeiten, diesen Auftrag zu erfüllen, entstehen für Gruppenleiter alleine schon durch die ungenügende Personal- und Raumaustattung.[36]
Es handelt sich bei den Gruppenleitern im Berufsbildungsbereich der Werkstätten für behinderte Menschen meist um Praktiker aus Industrie und Handwerk mit mehrjähriger Berufserfahrung oder Meisterabschluss,[37] die aber i.d.R. über keinerlei Erfahrung mit Menschen mit geistigen Behinderungen verfügen.
[JACOBS 1999a, S.209]
Auf eine Teilnahme an einem sonderpädagogischen Förderlehrgang müssen Gruppenleiter durch die oft angespannte Personalsituation in den WfbM teilweise jahrelang warten.
[WEBER 2000, S.6]
So ist es denn auch nicht weiter verwunderlich, dass bei Gruppenleitern unbewusste Vorstellungen über den Menschen mit geistigen Beeinträchtigungen meist einem immer noch in der Bevölkerung verbreiteten statischen und defektorientierten Menschenbild entspringen.
[JACOBS 1999a, S.210]

---

[36]Der Personalschlüssel im Berufsbildungsbereich beträgt laut § 9 der Werkstättenverordnung 1:6 (siehe Anhang). Dieser wird z.T. mit Kenntnis der Werkstättenleitung längerfristig unterschritten [WEBER 2000, S.6].

[37]Vorgeschriebene Anforderungen an Gruppenleiter sind mindestens zwei Jahre Berufserfahrung und pädagogische Eignung - „pädagogische Eignung" wird nicht näher definiert [GLASSL 1996, S.25].

Arbeitspädagogische Kenntnisse von Gruppenleitern im Berufsbildungsbereich basieren zumeist auf methodischen Konzepten wie: **erklären, vormachen - nachmachen** ! Eine solche, bei Auszubildenden gerade noch ausreichende, Vermittlungsstrategie ist im Umfeld des Berufsbildungsbereiches einer WfbM ungenügend. Ein Dauermanko, das auch nicht durch eine sonderpädagogische Zusatzqualifikation grundlegend verbessert werden kann, da diese einserseits oft erst im Laufe der Tätigkeit erworben wird und zudem wenig didaktisch orientiert ist [vgl. ebd.].

Gerade aber mangelnde didaktische Kompetenz bei Gruppenleitern führt in einem Circulus vitiosus mit einem defektorientierten Menschenbild zur Verfestigung einer unberechtigten Annahme einer Bildungsunfähigkeit von Menschen mit geistigen Beeinträchtigungen. Die eigene Unfähigkeit zur verständnisschaffenden Vermittlung wird verdrängt und als kognitive Unfähigkeit der Klientel interpretiert. Durch umfassende Qualifizierung gilt es, diesen Teufelskreis zu durchbrechen [vgl. ebd.].

3.3.1.3 Didaktisch-methodische Ausgestaltung von beruflichen Qualifizierungsprozessen, aufgezeigt am Beispiel des Detmolder Lernwegemodells

Mit Hilfe des Detmolder-Lernwege-Modells (DLM) können u.a. geeignete Lehr- und Lernmaterialien für den Berufsbildungsbereich erstellt werden. Darüberhinaus bietet das DLM den Gruppenleitern ein geeignetes didaktisches Hilfsmittel, sehr komplexe Aufgaben einer ganzheitlichen Förderung zu lösen und dabei den persönlichen Anforderungen von Menschen mit geistigen Beeinträchtigungen gerecht zu werden.
[GLASSL 1996, S.69]

Das DLM basiert auf der Grundlage eines positiven Menschenbildes, welches Menschen mit geistigen Beeinträchtigungen jederzeit Bildungs- und Entwicklungsfortschritte zugesteht [vgl. ebd.,S.71].

Vor etwa zwanzig Jahren begann eine Gruppe um Diplompsychologin Gudrun Schmitz in der WfB Detmold ein Lernmodell zu entwickeln, das den Gruppenleitern

- als Sammlung der Lernziele und Inhalte zu Verfügung steht;

- ihnen didaktische Begründungen vermittelt;

- methodische Realisierungsmöglichkeiten bietet;

- Informationen über den Lern- und Entwicklungsstand einzelner Berufsqualifikanten gibt;

- als Dokumentation bereits erfolgter Qualifizierung dient;

- und darüberhinaus hilft, benötigte Materialien herzustellen.

[vgl. ebd.]
Grundlagen des Lernwegemodells und damit der Lernziele sind standardisierte Arbeitsanalysen, d.h. systematische und objektivierbare Beschreibungen von Arbeitsanforderungen und -merkmalen. Sie werden seit 1978 mit einem für den allgemeinen Arbeitsmarkt entwickeltem Verfahren [38] durchgeführt und eignen sich daher auch zur Orientierung des Berufsbildungsbereichs am allgemeinen Arbeitsmarkt. Arbeitsmarktanalysen werden kontinuierlich wiederholt und den aktuellen Erfordernissen angepasst.
[JACOBS 1999a, S.212]
Wissenschaftlich basiert das Konzept im wesentlichen auf den PIAGETschen Theorien der Kognitiven Entwicklung und der HACKERschen Handlungsstrukturtheorie[39]
[vgl. TRAUTMANN 2001, S.112].
Im Detmolder Lernwege Modell wird Lernen daher praxisorientiert umgesetzt in ein schrittweises Erreichen einzelner Lernziele, bzw. deren Teilziele.
[GLASSL 1996, S.74]
Lernzielsequenzen aus Teil-, bzw. Lernzielen sind stets nach Schwierigkeitsgrad gestaffelt. Der erste Schritt zeigt das einfachste Niveau während der fünfte Schritt zeigt, ob das Lernziel erreicht wurde. Die letzte Stufe orientiert sich an der leichtesten Anforderung des allgemeinen Arbeitsmarktes [vgl. ebd.].

---

[38]Das Verfahren wird mit dem von FRIELING und HOYOS entwickelten „Fragebogen zur Arbeitsanalyse" durchgeführt [JACOBS 1999a, S.212].

[39]Vgl. [BRACKHANE: Online im Internet: URL:http:// www.uni-regensburg.de/Universitaet/Forschungsbericht/aktuell/phil2/profl.html].

Mit der progressiven Erweiterung des DLM im Sinne seiner Verbesserung und Anpassung an Tendenzen auf dem Arbeitsmarkt verändern sich auch die konkreten Lernzielsequenzen. Lernsequenzen zu den Anforderungen aus den Bereichen Arbeitsverhalten und Persönlichkeitsentwicklung. Sie unterteilen sich in:

- *kognitive Lernziele*, die sich auf Wahrnehmungs- und Denkprozesse beziehen (Zahlenverständnis, Wiedererkennen, schlussfolgerndes Denken, u.a.);

- *psychomotorische Lernziele*, die bei Bewegungsausführungen gebraucht werden (Fingergeschick, Montieren, Werkzeuggebrauch, u.a.);

- *soziale Lernziele*, die Arbeitskontakte und -umfeld betreffen (Kommunikation, Gründlichkeit, Sauberkeit, u.a.)

[JACOBS 1999a, S.212].

Insgesamt gibt es z.Zt.[40] etwa „insgesamt rund 900 Lernziele, auf deren Grundlage in individualisierten Schritten Kenntnisse erworben und Fertigkeiten geübt werden können."
[JACOBS 1999a, S.213]

Diese große Zahl von Lernzielen lässt sich sinnvoll durch verschiedene Hierachieebenen strukturieren. Über allem steht die **L e i t i d e e**: *die Selbstverwirklichung in beruflicher Integration.*

Richtziele, die helfen diese Leitidee zu verwirklichen sind:

1. Berufliche Information aufnehmen und verarbeiten.

2. Berufliche Arbeiten ausführen.

3. Arbeitsrelevante Beziehungen aufbauen und aufrecht erhalten.

4. Umgebungseinflüssen und Arbeitsbedingungen adäquat begegnen.

Grobziele, die diese Richtziele in die Praxis übertragen, beispielsweise im Bereich Hauswirtschaft: *Einführung in die Küche:*

- (Kognitiv:) Hygiene in der Küche - Hält Hände und Kleidung sauber

- (Psychomotorisch:) Einfache Arbeiten in der Küche - Kann Obst und Gemüse waschen und putzen

Feinziele, werden als individuelle Teilleistungen der komplexen Ziele festgelegt [vgl. ebd.].

---

[40]Stand: 1999

Zwar waren als Zielgruppe des DLM zunächst nur Menschen mit geistigen Beeinträchtigungen im ATB der WfB gedacht. Es ist darüberhinaus durch seine allgemein formulierte Lernziele, seine Anwendbarkeit auf alle Bereiche der WfbM und seine Effektivität in berufsqualifizierenden Prozessen sehr gut geeignet zu einer Vorbereitung junger Menschen mit geistigen Beeinträchtigungen auf den allgemeinen Arbeitsmarkt.
[JACOBS 1999a, S.211]

3.3.2 Berufliche Unterweisung und Qualifizierung für Jugendliche mit geistigen Beeinträchtigungen in der Berufsschule

3.3.2.1 Grundsätzliches

Berufsschulunterricht ist eine Maßnahme des Staates, die Berufsausbildung junger Menschen in einem Betrieb mit einer begleitenden schulischen Maßnahme zu unterstützen.[41] Berufsschulunterricht findet aber auch für „normalbegabte" Jugendliche statt, die keine Ausbildung beginnen oder keinen Ausbildungsplatz gefunden haben. Sie erhalten in der Berufsschule ein ihren Fähigkeiten und Neigungen entsprechendes Bildungsangebot.[42]
[SCHWARZMÜLLER 1997, S.70]

Für Menschen mit geistiger Beeinträchtigung gibt es in vielen Bundesländern kein entsprechendes Bildungsangebot durch die Berufsschule. Die Werkstufe der Sonderschule für Geistigbehinderte wird in diesen Bundesländern als Ersatz für den Berufsschulunterricht gesehen, da zeitlich gesehen das gleiche Bildungsangebot zur Verfügung steht wie für Schüler in einem normalen Bildungsgang [vgl. ebd.].

In der Werkstufe kann jedoch nur berufsvorbereitender Unterricht erfolgen, der nicht das gleiche sein kann, wie ein berufs- und lebensbegleitender Unterricht durch die Berufsschule während des Übergangs in die Arbeitswelt. Eindrücke und Erfahrungen, die beim Übergang ins Berufsleben entstehen, können nicht geplant und im voraus im Unterricht bearbeitet werden. Nur die Berufsschule kann zu diesem Zeitpunkt und in dieser Situation lebensnahen Unterricht an einem realen Sachverhalt anbieten. Berufsschulunterricht stellt insofern die notwendige und sinnvolle Ergänzung und Fortsetzung der Bildungsmaßnahmen der Sonderschulen unter anderen Bedingungen dar [vgl. ebd.].

---

[41]Eine Grundlage des Dualen Ausbildungssystems.
[42]Nach § 39 des Hessischen Schulgesetzes sind besondere Bildungsgänge für Jugendliche ohne Ausbildungsverhältnis, mit sonderpädagogischem Förderbedarf oder ohne Hauptschulabschluss, die auf eine Berufsausbildung oder eine andere Berufstätigkeit vorbereiten, ein Bestandteil der Berufsschule [SCHWARZMÜLLER 1994].

Seit Ende der 60er Jahre erhalten beeinträchtigte Mitarbeiter aus Werkstätten für behinderte Menschen in Hessen Unterricht in Berufsschulen. Zunächst nur auf einige Standort begrenzt, wurde schließlich durch Erlass vom 18.4.1974 diese Maßnahme landesweit verpflichtend. Im Jahr 1997 wurden in Hessen an etwa 40 beruflichen Schulen ca. 1200 Schüler aus den Werkstätten für behinderte Menschen teilzeitunterrichtet.
[SCHWARZMÜLLER 1997, S.83]

Die Rahmenbedingungen von Berufsschulunterricht werden per Verordnung wie folgt bestimmt: „Den Jugendlichen und jungen Erwachsenen, die in das Eingangsverfahren oder in den Arbeitstrainingsbereich der Werkstatt für Behinderte aufgenommen worden sind, ist dabei, unabhängig davon ob sie noch der Berufsschulpflicht unterliegen, für die Dauer der Maßnahme, mindestens jedoch für zwei Schuljahre ein Unterricht durch die örtlich zuständige Berufsschule anzubieten (§ 2 VO über Besondere Bildungsgänge)."
[SCHWARZMÜLLER 2000, S.1]

Für diesen besonderen Bildungsgang in Teilzeitform ist nach der Verordnung Unterricht im Umfang von 12 Stunden/Woche vorgesehen [vgl. ebd.].

Aus Gründen der unterschiedlichen Organisation von Schule und WfbM können oft jedoch nur sechs Stunden pro Woche erteilt werden. Daher ist die gesetzlich mögliche Verlängerung der Schulbesuchsdauer um weitere zwei Jahre hier die Regel. Unterrichtsort sind dabei entsprechend eingerichtete Räume in der Berufsschule. In Ausnahmefällen kann der Unterricht auch in geeigneten Räumen und Einrichtungen der WfbM durchgeführt werden. Womit auch bei Schwerbehinderten das Recht auf die Teilnahme an einem Berufsschulunterricht gesichert ist [vgl. ebd.].

Längst nicht alle Berufsschulen sind nämlich baulich entsprechend nachgerüstet.[43]

---

[43] Beispielsweise fehlen an den Gebäuden der beruflichen Schulen in Bensheim nach mehreren Schulumbauten immer noch geeignete Rollstuhlrampen.

Die Größe der Lerngruppe ist bei Schülern aus der WfbM bei 8 Personen anzusetzen. Im Unterricht mit vorwiegend arbeitstechnischen Inhalten kann die Größe der Lerngruppe bis auf 5 Schüler verkleinert werden.[44] In besonderen Fällen können auch kleinere Gruppen gebildet oder der Unterricht durch weitere Lehrkräfte oder Zivildienstleistende aus der WfbM unterstützt werden [vgl. ebd.].

3.3.2.2 Der Theorieentwurf von SCHWARZMÜLLER

Der Berufsschulunterricht für Menschen mit geistigen Beeinträchtigungen hat nach SCHWARZMÜLLER seine Legitimation durch den,

> „mit dem Eintritt in das Arbeits- und Erwachsenenleben entstandenen, fachlichen und allgemeinen Bildungsbedarf der geistig beeinträchtigten Menschen."

[SCHWARZMÜLLER 1994, S.4]

Der gesellschaftliche Aussonderungsbegriff „geistig behindert" ist nach SCHWARZMÜLLER für Mitarbeiter der WfbM mit Beeinträchtigungen ebenso wenig statthaft wie die Bezeichnung „Praktisch Bildbar." Nach SCHWARZMÜLLER ist:

> „Auch der Mensch mit geistiger Behinderung [...] prinzipiell *in allen* Lebensbereichen bildbar."

[SCHWARZMÜLLER 1994, S.2, Hervorh.im Orig.]

Die Berufsschule bewegt sich immer in einem Spannungsfeld zwischen den Anforderungen der Produktion einerseits und einer ganzheitlichen Persönlichkeitsbildung von beeinträchtigten Menschen andererseits [vgl. ebd.].

Zusätzlich enthält eine Unterricht mit dieser Klientel eine besondere gesellschaftliche Dimension, die zum Ziel hat, eine soziale Benachteiligung zu kompensieren und aufzuheben. Daher lassen sich Inhalte und Aufgaben des Berufsschulunterrichts bei Schülern aus der Werkstatt für Behinderte auch mit den Begriffen Arbeitswelt, Persönlichkeitsbildung und Gesellschaftserziehung umschreiben [vgl. ebd.].

Aus oben genannten Gründen ist es nach SCHWARZMÜLLER besonders für diskriminierte und behinderte Menschen wichtig, im Unterricht Schritte zur Emanzipation und Mitwirkung am gesellschaftlichen Leben zu lernen. Unterricht soll:

> „[...]dem/der Einzelnen helfen, dafür entsprechende Einsichten und Fähigkeiten zu erwerben und weiter zu entwickeln. Die Bezeichnung ‚Kompetenzbildung' ist hierfür derzeit eine gebräuchliche Begrifflichkeit."

[SCHWARZMÜLLER 1994, S.4f]

---

[44]Gruppengrößen sind erfahrungsgemäß von den kurzfristig zu Verfügung stehenden Transportkapazitäten abhängig. I.d.R. sind dies Kleinbusse mit 9 Sitzen, dadurch ergibt sich eine maximale Schülerzahl von 8 Schülern.

Den Begriff Kompetenz (lat.„cum" und „ petere" = „mit" und „streben nach") versteht SCHWARZMÜLLER in seiner eigentlichen Bedeutung, dem „Schritthalten (können)". Eine Kompetenz ist zuerst die Fähigkeit, in einem Gebiet „folgen zu können od. mitzukommen" darauffolgend erst, **in** diesem Gebiet weiter zu denken, sowie später über das Kerngebiet hinaus zu denken und kreativ tätig zu sein.

Kompetenzentwicklung ist aber vor allem auch stets abhängig von den Lebensumständen und den individuellen Gegebenheiten des Menschen [vgl.ebd.].

Kompetenzerweiterung durch Unterricht darf nach SCHWARZMÜLLER jedoch „nicht als eine additive Aneinanderreihung verschiedener Inhalte, sondern immer nur als ein Beitrag im Sinne der ganzheitlichen Persönlichkeitsentwicklung eines Menschen gesehen werden."
[SCHWARZMÜLLER 1994, S.5]

SCHWARZMÜLLER unterscheidet:

- *Kompetenz* mit ihrer auf die jeweilige Person bezogenen Ausrichtung

von

- *Qualifikation*, die er als (von aussen) fremdbewertete Einordnung zur Bestätigung von Kenntnissen, Fertig- und Fähigkeiten in einem Tätigkeitsfeld betrachtet.

Kompetenz bedeutet für SCHWARZMÜLLER im Sinne von „Zuständigkeit" die Anerkennung und Umsetzung der Qualifikation in der Praxis.
[SCHWARZMÜLLER 1994, S.5]

Folgende Kompetenzen sollen, so SCHWARZMÜLLER, im Berufsschulunterricht besonders gefördert werden:

- **„Affektive Kompetenzen**
  Sie betreffen das Gefühlsleben und sind die Ursprünglichsten. Ihre Ausprägung und Stabilität ist entscheidend für die Entwicklung und die Einsatzfähigkeit der anderen, auf sie aufbauenden Kompetenzen.

- **Soziale Kompetenzen**
  Sie betreffen die Gemeinschaftsfähigkeit, wie etwa Toleranz und die Akzeptanz von Regeln im Umgang mit Anderen, von in der Sache begründeten Ordnungen, Hierarchien und zeitlichen Abläufen.

- **Kognitive Kompetenzen**
  Sie beruhen auf Erkenntnissen, die sich auf Gegenstände, Phänomene und Vorstellungen, aber auch auf Interaktionsprozesse beziehen. Vor allem affektive Vorgänge, aber auch soziale Unstimmigkeiten beeinflussen unweigerlich die kognitiven Funktionen, sowohl während deren Entstehung als auch in ihrer aktuellen Leistungsfähigkeit".

[vgl. ebd.,S.6]

Diese Kompetenzen zu fördern und „dem Ziel der Optimierung der individuellen Möglichkeiten des Menschen in allen diesen Bereichen zu einer Selbstbestimmung und Mitwirkung bei gesellschaftlicher Integration" näherzukommen, führen zu drei wesentlichen Unterrichtsprinzipien [ebd.].

1. Dem Prinzip der Handlungsoffenheit:
Bei der Themenfindung und der Gestaltung des Unterrichts muss auf örtlichen Gegebenheiten und spezielle Situationen der Schüler eingegangen werden können. Sich im Unterricht ergebende Impulse sollen direkt in den weiteren Verlauf einbezogen werden können.

2. Dem Prinzip der Ganzheitlichkeit:
Um neben der fachlichen Bildung auch den allgemeinen Bildungsauftrag umzusetzen, sind alle Lebensbereiche der Schüler auch Gegenstand des Unterrichts. Ganzheitlichkeit bedeutet darüberhinaus, Themen nicht nur „kognitiv abzuhandeln", sondern dabei auch personenbezogene Aspekte wie Kreativität und Affektivität in den Unterricht einzubeziehen und hier sozial- und selbstverantwortliches Handeln zu fördern.

3. Dem Prinzip der Schüler- und Wirklichkeitsorientiertheit:
Unterricht muss alle Schüler erreichen - jeden einzelnen. Deswegen muss einerseits die Thematik des Unterrichts Schüler in ihrer Arbeits- und Lebenswelt möglichst direkt betreffen. Andererseits ist der Unterricht so zu gestalten, dass Schüler, unabhängig von der Art und Schwere ihrer Behinderung, individuelle Lernfortschritte erreichen können.

[vgl.ebd.]

Auf Basis dieser Leitlinien entwickelt SCHWARZMÜLLER ein strukturniveauorientiertes Verfahren zur Vermittlung von Einsichten, dabei bezieht er sich zum einen auf Ergebnisse von R. KUTZER (sachbezogene Struktur- und Niveauorientierung) zum anderen auf GALPERINs Aneignungstheorie.
[SCHWARZMÜLLER 1997, S.339]

SCHWARZMÜLLERS Unterricht folgt zwei didaktischen Grundsätzen:

1. **Individualisierung des Unterrichts durch Arbeit auf Niveaustufen**
   In der Unterrichtsvorbereitung werden zur Ermittlung des Lern- und Entwicklungsstands (didaktisch reduziert) komplexe Inhalte in aufeinander folgende schülergemäße Niveaustufen gegliedert. Der Unterricht kann dann bei verschiedenen Zugangswegen auf der Stufe aufbauen, auf der sich der Schüler momentan befindet.

2. **Individuelle Gestaltung des Unterrichts aufgrund von Beobachtungen** Im Unterricht wird pragmatisches, kognitives, affektives und soziales Verhalten des Schülers beobachtet. Schüler werden daraufhin gezielt unterstützt, wo sich Hindernisse und Schwierigkeiten zeigen. „Die konkreten Beobachtungen, Folgerungen und Maßnahmen ergeben sich dabei aus der aktuellen Situation im Unterricht, die sehr verschieden sein kann. Auch wegen der möglichen Gefahr einer unzulässigen Zuschreibung sind sie daher hier nur schwer darstellbar."

[SCHWARZMÜLLER 2000, S.5]

Mit einer Untersuchung über die Effektivität seines Unterrichtskonzepts hat SCHWARZMÜLLER gezeigt, dass bei erwachsenen Menschen mit geistigen Beeinträchtigungen im Einzelunterricht, aber auch in der Gruppe, unter Bedingungen der Teilzeitberufsschule deutliche kognitive Lernfortschritte erreichbar sind.
[SCHWARZMÜLLER 2000, S.8]

Mit SCHWARMÜLLER ist „Struktur-niveauorientierter Unterricht [...] dabei *eine* Möglichkeit zur Bildung kognitiver Kompetenzen."
[SCHWARZMÜLLER 1997, S.340, Hervorh.i.Orig.]

Eine Steigerung der kognitiven Fähigkeiten initiiert Weiterentwicklung und damit eine veränderte Selbsteinschätzung. Durch modifizierte Rückmeldungen aus der bedeutsamen Umgebung wird auch wiederum der affektive Bereich angesprochen. Es kommt somit mittelbar zum Gewinn sozialer Kompetenz.
[SCHWARZMÜLLER 2000, S.13]

„Erst durch die Verbindung der Logik des Gegenstandes bzw. des Sachverhaltes mit den biografisch begründeten Wahrnehmungs- und Lerngegebenheiten des einzelnen Menschen sind aber die Vernetzungen zu schaffen, die im Sinne einer Weiterentwicklung und Wandlung des Menschen dann als Bildung bezeichnet werden können."
[SCHWARZMÜLLER 1997, S.340]

3.3.3 Unterstützte Beschäftigung in Betrieben des allgemeinen Arbeitsmarktes

3.3.3.1 Unterstützte Beschäftigung – Was ist das eigentlich?

Unterstützte Beschäftigung ist nicht einfach eine Technik von beruflicher Integration, sondern bedingt als neue Perspektive ein neues Grundverständnis der Unterstützung für Menschen mit Beeinträchtigungen [vgl. DOOSE 1998, S.6f].

„Es ist eine veränderte Sichtweise, die zu einer veränderten Praxis führt. Gemeinsames Leben und Arbeiten von Menschen mit und ohne Behinderungen als Ziel, die Fähigkeiten und Wünsche eines Menschen als Ausgangspunkt, echte Wahlmöglichkeiten, Selbstbestimmung und Kontrolle des Menschen mit Behinderung als Wegweiser und ambulante, individuelle, flexible Unterstützung als Methode sind die Eckpfeiler von Unterstützter Beschäftigung."

[SCHULZE 1997, S.299]

Der Begriff: „Unterstützte Beschäftigung" ist eine Übersetzung des in den USA in den 70er-Jahren entwickelten Konzepts des „supported employment." Mit flexibler, bedarfsorientierter und zeitlich unbefristeter Unterstützung sollen insbesondere Menschen mit schweren Beeinträchtigungen eine arbeitsvertraglich gesicherte und tariflich oder ortsüblich bezahlte Arbeit in Betrieben des allgemeinen Arbeitsmarktes finden und dauerhaft behalten. Zentraler Aspekt dabei ist die Abkehr vom Modell der so genannten „Berufsreife." Die althergebrachte Reihenfolge „erst Trainieren, dann Platzieren" wird im Konzept der Unterstützten Beschäftigung umgekehrt zur Formel „erst Platzieren, dann Trainieren."
[GINNOLD 2000b, S.4]

Junge Menschen werden nicht wie bisher vorbereitend auf Arbeitsplätze hin qualifiziert, die nicht existieren. Bei Unterstützter Beschäftigung erfolgt eine berufliche Qualifizierung arbeitsbegleitend durch „Arbeitsassistenz". Das Ziel der Qualifikation ergibt sich aus konkreten Anforderungen der aufgenommenen Arbeit. Zwischen Qualifizierung und beruflicher Tätigkeit besteht dadurch ein direkter Zusammenhang.
[GINNOLD 2000b, S.5]

Ziel von Unterstützter Beschäftigung ist jedoch nicht nur die Vermittlung eines Arbeitsplatzes, sondern vor allem die soziale Integration. Zusammen mit allen Kräften, Initiativen und Institutionen einer Region sollen Möglichkeiten für Menschen mit Beeinträchtigungen geschaffen werden, die

- lokal organisiert und in alltägliche gesellschaftliche Abläufe eingebunden sind,

- Möglichkeiten einer Weiterentwicklung und zur Nutzung individueller Fähigkeiten bieten,

- helfen, echte Sozialkontakte einzugehen und aufrechtzuerhalten,

- Unabhängikeit und Flexibilität eigener Lebensführung erhöhen und Lebensqualität eines unterstützten Menschen subjektiv verbessern und

- dazu führen, dass Menschen mit Beeinträchtigungen von anderen respektiert werden und ihre persönliche Würde bewahren können

[DOOSE 1998, S.9].

Unterstützte Beschäftigung wurde in der Integrationsbewegung Nordamerikas für Menschen mit Lern- und geistigen Beeinträchtigungen entwickelt. Durch individuelle Unterstützung und Begleitung können auch Menschen mit psychischen Beeinträchtigungen, Körper- und Mehrfachbehinderung, Autismus und erworbenen Hirnschädigungen auf dem allgemeinen Arbeitsmarkt integriert werden [DOOSE 1998, S.13].

Diese Klientel kann aus Sonderschulen, Regelschulen, Werkstätten für Behinderte, Berufstrainingszentren, Krankenhäusern oder aus der Arbeitslosigkeit kommen [vgl. ebd].

Es gilt der Grundsatz: Keiner soll aufgrund der Schwere seiner Beeinträchtigung abgewiesen werden. Es wird als Aufgabe von Unterstützter Beschäftigung gesehen, auch für Menschen mit schwersten Beeinträchtigungen integrative Arbeitsmöglichkeiten und die dazu notwendigen Unterstützungsangebote individuell zu entwickeln [DOOSE 1998, S.13f].

Bei alle dem ist zu erwähnen, dass bei Unterstützter Beschäftigung der Mensch mit geistigen Beeinträchtigungen als Klient die Kontrolle über die Eingliederungshilfen hat und an den zu treffenden Entscheidungen mitwirken kann.
[DOOSE 1998, S.8]

3.3. ORTE BERUFLICHER QUALIFIZIERUNG...

Prinzipien der Unterstützten Beschäftigung lassen sich kurz zusammenfassen mit:

- den Mensch mit Beeinträchtigung mit seinen **Fähigkeiten** zu sehen, diese zu erkennen und zu stärken,

- eine Integration in **allen Lebensbereichen** zu fördern,

- Unterstützte Beschäftigung ist **„normal bezahlte"** Arbeit und keine therapeutische Maßnahme,

- der **Arbeitsplatz** wird an die Bedürfnisse des Menschen mit Beeinträchtigungen **angepasst**,

- nach dem Prinzip **„training on the job"** erlernen die Teilnehmer die konkreten Anforderung eines Arbeitsplatzes unter Realbedingungen,

- Menschen hören nie auf sich weiterzuentwickeln, **alle** Menschen mit Beeinträchtigungen erhalten entsprechende Arbeitsangebote,

- Hilfen werden in Form von **flexibler und individueller Unterstützung** angeboten,

- **Unterstützung** ist zeitlich **unbegrenzt**

- es werden Teilnehmern **Wahlmöglichkeiten** angeboten und Ihre **Selbstbestimmung** gefördert.

[GINNOLD 2000a, S.158f]

Integration verläuft im Rahmen von Unterstützter Beschäftigung in folgenden Phasen:

1. Bewerbungsverfahren, individuelle Berufsplanung und Erstellung eines Fähigkeitsprofils für den Bewerber mit Behinderung,

2. Arbeitsplatzakquisition und Arbeitsplatz(er)findung,

3. Arbeitsplatzanalyse und Anpassung des Arbeitsplatzes,

4. Qualifizierung am Arbeitsplatz,

5. Nachbetreuung und gegebenenfalls Krisenintervention.

[GINNOLD 2000a, S.158]

3.3.3.2 Erst Platzieren – dann Qualifizieren als Qualifizierungsprinzip der Unterstützten Beschäftigung

Qualifizierung des Menschen mit geistigen Beeinträchtigungen am Arbeitsplatz ist ein Kernpunkt von Unterstützter Beschäftigung. In Rehabilitationsprogrammen in den USA kommt Qualifizierung am Arbeitsplatz zentrale Bedeutung zu; „training on the job" Deutsch etwa: „Praktische Ausbildung" (im Sinne von am Arbeitsplatz erfolgende) oder „Qualifizierung am Arbeitsplatz" ist zentrales Qualifizierungsprinzip. Darunter ist zu verstehen:

- die Einarbeitung, die Vermittlung (arbeits)technischer Kompetenzen und berufsbezogener Kenntnisse,

- der Aufbau von Unterstützungsmöglichkeiten im Betrieb und im persönlichen Umfeld des Klienten,

- die Entwicklung bzw. Bereitstellung benötigter Hilfsmittel und die Strukturierung von individuellen Qualifizierungs- und Arbeitsplänen für den Klienten

[HORIZONARBEITSGRUPPE(HRSG.) 1999, S.68]

Im „training on the job" wird der Klient von einem Arbeitsassistenten intensiv und individuell eingearbeitet und betreut. Dauer und Intensität des Unterstützungsangebots sind auf die jeweiligen Bedürfnisse des Arbeitnehmers und Vorgaben des Arbeitsplatzes abgestimmt.

Außer einer Grobeinteilung von Lernphasen in Orientierung-, Qualifizierung und Stabilisierung bedarf es keines standardisierten Vorgehensprogramms, das in jeder Lernsituation Anwendung finden könnte. Für jeden individuellen Fall wird ein Lernkatalog entwickelt und steht jederzeit im Praxisbezug.
[HAMBURGERARBEITSASSISTENZ(HRSG.) 1997, S.9f]

Qualifizierung am Arbeitsplatz beinhaltet die veschiedensten Einzelqualifikationen, wie z.b:

- selbständiges Erreichen und Verlassen des Arbeitsplatzes,

- räumliche Orientierung im Betrieb,

- zeitliche Orientierung (Pünktlichkeit, etc.),

- Erlernen der konkreten Arbeitstätigkeit,

- Erwerben sozialer Kompetenz (Kommunikation, Kritikfähigkeit, etc.),

- Erlernen von sogenannten Schlüsselqualifikationen (Flexibilität, selbständiges Arbeiten, Problemlösestrategien etc.),

- Entwicklung eines realitätsbezogenen Verständnisses von Arbeit und

- die Vermittlung von Kommunikationskompetenzen bei den Arbeitskollegen ohne Beeinträchtigungen

[vgl. ebd.].
Hier wird deutlich, dass „training on the job" wesentlich mehr beinhaltet als eine bloße Vermittlung am Arbeitsplatz erforderlicher Kenntnisse und Fertigkeiten. [HORIZONARBEITSGRUPPE(HRSG.) 1999, S.68]

Der konkrete Unterstützungsbedarf richtet sich nach den individuellen Bedingungen. Zu Beginn des Arbeitsverhältnisses ist eine Betreuung intensiver, reduziert sich aber immer mehr im Laufe der Zeit.[45]

Der Qualifizierungsprozess folgt tatsächlichem Bedarf und Rahmenbedingungen. Unterstützung wird sehr variabel gestaltet. Grundsätzlich werden Hilfen so gering wie möglich gehalten mit dem Ziel einer schrittweisen Verringerung. [HORIZONARBEITSGRUPPE(HRSG.) 1999, S.77]

---

[45]In den ersten Wochen steht ganztägliche Betreuung zu Verfügung, die sich mit zunehmender Verselbständigung des Teilnehmers stetig reduziert bis hin zu gelegentlichen Besuchen, der Kontakt bleibt stets erhalten [HAMBURGERARBEITSASSISTENZ(HRSG.) 1997, S.11f].

Der Prozess der beruflichen Qualifizierung am Arbeitsplatz kann nach Auffassung der HORIZON-ARBEITSGRUPPE erst abgeschlossen werden, wenn:

- Arbeitnehmer mit geistigen Beeinträchtigungen über die notwendigen Kompetenzen verfügen, um ihre betriebliche Eingliederung zu sichern,

- Arbeitskollegen über genügend Bereitschaft und Kompetenz verfügen, um auf mögliche Problem- und Konfliktsituationen zu reagieren,

- hinsichtlich der Arbeitsaufgaben und Leistungserwartungen an den Arbeitnehmer mit Beeinträchtigung Eindeutigkeit besteht.

[vgl.ebd.]

3.3.3.3 Umsetzungsstrategien

3.3.3.3.1 Ausbildungs-, bzw. Arbeitsplatzakquisition Bei der Ausbildungs- bzw. Arbeitsplatzakquisition handelt es sich um die individuelle Suche nach einem passenden Ausbildungs-, bzw. Arbeitsplatz für Menschen mit geistigen Beeinträchtigungen durch den Integrationsfachdienst. Im ersten Schritt muss zunächst ein Arbeitsplatz akquiriert (gefunden) werden. „Erst der zweite Schritt besteht darin, durch geeignete Maßnahmen den richtigen Behinderten mit dem richtigen Arbeitsplatz zusammen zu bringen."
[HORIZONARBEITSGRUPPE(HRSG.) 1999, S.39]

Arbeitsplatzakquisition ist sehr von der aktuellen Lage auf dem Arbeitsmarkt sowie von den individuellen Erfahrungen und Möglichkeiten des Arbeitsassistenten abhängig. Gesetzmäßigkeiten von Privatwirtschaft stellen jedoch keine unüberwindbaren Barrieren dar.
[BEHNCKE 1998, S.230f]

Arbeitsplätze werden von Arbeitsassistenten in Tageszeitungen, Stellenanzeigen des Arbeitsamtes oder durch gezielte Suche in Branchenbüchern akquiriert (stellenorientierte Akquisition). Zudem sind Kontakte des Arbeitsassistenten und des sozialen Umfelds des Bewerbers für die Arbeitsplatzfindung hilfreich (vor allem für bewerberorientierte Akquisition).
[HORIZONARBEITSGRUPPE(HRSG.) 1999, S.42]

3.3. ORTE BERUFLICHER QUALIFIZIERUNG...

Arbeitsplatzakquisition ist vorwiegend in kleinen und mittleren Betrieben[46] erfolgreich. SCHARTMANN führt drei mögliche Ursachen an:

- Kleinere Betriebe sind überschaubarer als Großbetriebe.

- Kleinbetriebe sind weniger hierarchisch aufgebaut als Großbetriebe.

- In Großbetrieben werden Arbeitsplätze mit niedrigeren Anforderungen für eigene Mitarbeiter freigehalten, die im Laufe ihres Arbeitslebens beeinträchtigt wurden.

[SCHARTMANN 1999, S.6]

Nach den Erfahrung im Rahmen des HORIZON-Programms läuft Akquisition schrittweise ab, die konkreten Anforderung lassen sich unterteilen in:

- Identifizierung geeigneter Betriebe,

- Kontaktaufnahme,

- Vorbereitung des Präsentationsgesprächs,

- Durchführung der Präsentation,

- Fixierung der Ergebnisse.

[HORIZONARBEITSGRUPPE(HRSG.) 1999, S.41-50]

Akquisitionsbemühungen stoßen trotzdem immer wieder auf Vorurteile und Bedenken auf Arbeitgeberseite.

„Eine diffuse Mischung aus Vorurteilen und realen Bedenken macht die mangelnde Vorerfahrung und Kenntnis im Umgang mit Menschen mit geistiger Behinderung nur allzu deutlich."

[HAMBURGERARBEITSASSISTENZ(HRSG.) 1997, S.8]

---

[46]der überwiegende Teil liegt immer noch im Dienstleistungsbereich und im Handel. [HAMBURGERARBEITSASSISTENZ(HRSG.) 1997, S.7]

3.3.3.3.2 Arbeitsassistenz

Bei verschiedenen Integrationsfachdiensten liegen unterschiedliche Zielsetzungen, Vorgehens- und Arbeitsweisen vor. Die Arbeit der Arbeitsassistenten ist demzufolge ebenfalls uneinheitlich, da sie von der jeweiligen Schwerpunktsetzung des Integrationsfachdienstes abhängt.

Die Funktionen von Arbeitsbegleitern sind besonders zu Beginn eines unterstützten Beschäftigungsverhältnisses vielfältig. Arbeitsbegleiter sind hier Vermittler, Berater, Ansprechpartner im Betrieb und sozialen Umfeld. Sie müssen unterschiedliche Erwartungen, Motive, Bewertungen, Hoffnungen, Interessen, Leistungsvorstellungen und Wertmaßstäbe ausgleichen, bzw. vermitteln.
[HORIZONARBEITSGRUPPE(HRSG.) 1999, S.76]

Die Arbeitsweise eines Arbeitsassistenten lässt sich in vier Phasen unterteilen, deren Übergänge fließend verlaufen und keine absolute Aussagen über zeitliche Grenzen zulassen:

1. **Phase der Vorbereitung**
In dieser Phase konzentrieren sich die Aufgaben eines Arbeitsasssitenten auf:

- den Arbeitsplatz mit seinen Anforderung kennenzulernen und das Fähigkeitsprofil des Bewerbenden zu erstellen,

- gegenseitiges Kennenlernen mit dem Bewerbenden, insbesondere das soziale Umfeld des Bewerbers sollte hierbei einbezogen sein,

- Hospitieren am Arbeitsplatz, Kennenlernen und Vorbereiten der Mitarbeiter,

- eine Klärung des Fahrtweges mit eventuellem Fahrtraining.

Hierbei ist vor allem von Bedeutung, dass Klient und Assistent ein Vertrauensverhältnis aufbauen, welches eine tragfähige Basis für späteren Belastungen bildet.
[HORIZONARBEITSGRUPPE(HRSG.) 1999, S.79].

2. **Phase der Einarbeitung**
Diese Phase dauert bis zu dem Moment, an dem der Mensch mit geistiger Beeinträchtigung sich die Grundfähigkeiten angeeignet hat, die für den Prozess der beruflichen Eingliederung grundlegend sind. Hierzu zählen im besonderen:

- die räumliche Orientierung am Arbeitsplatz,

- das Einhalten der Arbeits- und Pausenzeiten,

- das Kennen und Erkennen der Arbeitskollegen und der betrieblichen Ansprechpersonen und

- das Beherrschen grundlegender Fertigkeiten und Kenntnisse der eigenen Arbeitsprozesse und Arbeitstechniken.

Zusätzlich muss Assistenz eine Sicherung betrieblicher Unterstützung erreichen, darüberhinaus technische und personelle Hilfen im Betrieb etablieren [vgl. ebd.].

Diese Phase sollte mit einem Personalschlüssel von 1:1 erfolgen, sie kann nochmals nötig werden, falls sich betriebliche Anforderungen ändern sollten, Probleme auftreten, usw. [vgl. ebd.].

In dieser Phase werden die Grundlagen für eine Stabilisierung des Arbeitsverhältnisses gelegt. Eine Kontrolle der Qualifizierungsziele kann hierbei ein sinnvoller Abschluss sein [vgl. ebd.].

3. Die Phase der Stabilisierung
Zur Stabilisierung des Integrationsprozesses werden Leistungsstand ermittelt, Entwicklungsprozesse reflektiert und beurteilt.
[HORIZONARBEITSGRUPPE(HRSG.) 1999, S.80]

In diesem Abschnitt reduziert der Arbeitsassistent schrittweise das Maß an Unterstützungsleistung, um die Selbständigkeit des Menschen mit geistiger Beeinträchtigung zu fördern [vgl. ebd].

Arbeitsaspirant und Arbeitskollegen müssen auf diesen Schritt sorgfältig vorbereitet sein. Es muss dabei stets gewährleistet sein, dass sich keiner der Beteiligten verlassen und mit seinen Ängsten alleine gelassen fühlt [vgl. ebd.].

4. Die Phase der Nachsorge
Abschließend hält der Arbeitsassistent nur noch regelmäßigen Kontakt zu allen am betrieblichen Integrationsprozess beteiligten Personen, d.h. zu seinem Klienten, dem Arbeitgeber sowie den betrieblichen Mitarbeitern und dem sozialen Umfeld, um bei möglichen Problemen vermittelnd eingreifen zu können, bevor das Arbeitsverhältnis von Spannungen beeinflusst ist und unter Umständen sogar zu scheitern droht [vgl. ebd.].

Etablierte Ansprechpartner im Betrieb (eventuell sogenannte „Paten"), die ihrerseits unterstützend und verantwortungsvoll den Prozess begleiten, gewinnen in dieser Phase an Bedeutung [vgl. ebd.].

Im Zusammenhang mit der Nachsorge ist zu prüfen, zu welchem Zeitpunkt auch diese beendet werden sollte bzw. kann, doch sind hier sicherlich keine pauschalen, sondern nur individuell auf den Einzelfall bezogene und mit dem Kostenträger abgeglichene Antworten möglich [vgl. ebd.].

Arbeitsassistenz bedeutet insgesamt wesentlich mehr als nur die Möglichkeit, die Berufstätigkeit von Menschen mit Beeinträchtigungen zu sichern bzw. erst zu ermöglichen. Sie beinhaltet einen wichtigen Grundstein zur Sicherung des Lebensunterhaltes, sozialer Anerkennung und der Möglichkeit, ein selbstbestimmtes, gleichberechtigtes Leben in der Gesellschaft zu führen. Arbeitsassistenz ist ein wichtiges „Instrument zur Integration" und damit der Steigerung von Selbstwertgefühl und Lebensqualität von Menschen mit Beeinträchtigungen.
[BARTZ 1999, S.7]

3.3.3.3.3 „job-coaching" Dieser Begriff ist aus der „supported employment" Bewegung abgeleitet und bezeichnet den Prozess der Arbeitsbegleitung. Hauptaufgaben einer professionellen Arbeitsbegleitung sind:

- der Vergleich von Fähigkeiten des Arbeitnehmers mit den Anforderungen des Arbeitsverhältnisses,

- die Qualifizierung am Arbeitsplatz durch Ausbildung des Arbeitnehmers und Anpassung des Arbeitsplatzes, sowie

- die betrieblichen Mitarbeiter in die Verantwortung zur Stabilisierung des beruflichen Eingliederungsprozesses miteinzubinden.

[HORIZONARBEITSGRUPPE(HRSG.) 1999, S.84-96]
Alle didaktischen und methodischen Entscheidungen, die während einer Eingliederung zu treffen sind, müssen den individuellen Ansprüchen des Teilnehmenden entsprechen und den Anforderungen des Arbeitsplatzes genügen. Sie sind somit stets individuell zu betrachten, demnach heißt das oberste Motto eines Eingliederungsprozesses: „Kein Qualifizierungsprozess gleicht dem anderen."
[HORIZONARBEITSGRUPPE(HRSG.) 1999, S.84]
Anregungen zur methodischen Gestaltung eines Qualifizierungsprozesses finden sich in der US-amerikanischen Literatur zum *Supported Employment* [vgl. ebd.].
Die Balance zwischen Fähigkeiten des Arbeitnehmers einerseits und Arbeitsanforderungen andererseits bleibt während der gesamten Qualifizierung bestimmendes Merkmal. Es muss der Arbeitsassistenz gelingen, Differenzen frühzeitig auszumachen, um auf beiden Seiten für einen Ausgleich zu sorgen [vgl. ebd.].
Das didaktische und methodische Entscheidungsfeld im Rahmen der Qualifizierung umfasst die Ausbildung des Klienten und gleichzeitig die Anpassung der Arbeitsanforderungen an den Klienten [vgl. ebd.].

Die Arbeitsplatzgestaltung hat hierbei eine zentrale Bedeutung. Die Ausgestaltung des Arbeitsplatzes geht weit über die technische und ergonomische Grundausstattung hinaus. Eventuell müssen Hilfsmittel, beispielweise für bestimmte Arbeitsschritte bei handwerklichen Tätigkeiten individuelle Vorrichtungen angefertigt werden, oder Ablaufschemata mit Hilfe von Symbolen, Zeichnungen o.ä. entwickelt, angefertig und getestet werden. Entscheidend hierbei sind Kreativität und Fachwissen des job-coaches [vgl. ebd.].

Bei der Qualifizierung gilt es, Aufgaben des Arbeitnehmers aufgrund einer Aufgabenanalyse sinnvoll zu differenzieren sowie entsprechend der Komplexität des Arbeitsprozesses und den individuellen Fähigkeiten des Arbeitnehmers angemessen zu strukturieren. Von besonderer Bedeutung ist hierbei die Berücksichtigung und gezielte Förderung der Motivation des Arbeitnehmers [vgl. ebd.].

Besondere Berücksichtigung müssen hierbei auch immer sogenannte Schlüsselqualifikationen finden, denn „von entscheidender Relevanz für die Vermittlungsfähigkeit bzw. für den Erhalt eines Arbeitsplatzes sind nicht ausschließlich branchenspezifische Kenntnisse und Fertigkeiten. Zunehmend gewinnen übergeordnete Kompetenzen an Bedeutung, die eine generalisierende Funktion haben und von längerfristiger Gültigkeit sind [...]."
[HORIZONARBEITSGRUPPE(HRSG.) 1999, S.105]

3.3.3.3.4 Arbeitsplatzausstattung durch die Hauptfürsorgestelle,

(jetzt: Integrationsamt)   Neben der Bundesanstalt für Arbeit kommt vor allem der (ehem.) Hauptfürsorgestelle[47] eine führende Rolle bei der Durchführung des Schwerbehindertengesetzes zu.
Die Integrationsämter sind zuständig für:

1. die Erhebung und Verwendung der Ausgleichsabgabe,

2. den Kündigungsschutz,

3. die begleitende Hilfe im Arbeits- und Berufsleben,

4. die zeitweilige Entziehung des Schwerbehindertenschutzes.

[HORIZONARBEITSGRUPPE(HRSG.) 1999, S.167f]
Im Rahmen von Vernetzung und Kooperation ist bei beruflichen Qualifikations- u. Integrationsmaßnahmen besonders Punkt 3, die Hilfe im Arbeits- und Berufsleben von Bedeutung. Diese Hilfe steht in Zusammenhang mit einer Eingliederung, bzw. Wiedereingliederung von Menschen in den ersten Arbeitsmarkt [vgl. ebd.].

---

[47]Mit Inkrafttreten des SGB IX wird im neuen Sprachgebrauch der Begriff „Integrationsamt" für die Haupfürsorgestelle eingeführt [BUNDESMINISTERIUMFÜRARBEITUNDSOZIALORDNUNG 2001a, S.6].

Hilfe durch das Integrationsamt soll Menschen mit Beeinträchtigungen ermöglichen, nicht in ihrer sozialen Stellung abzusinken, auf einem Arbeitsplatz beschäftigt zu werden, auf dem sie sich weiterentwickeln können und sich im Wettbewerb mit Nichtbehinderten behaupten zu können. Folgende Leistungen werden dazu vom Integrationsamt angeboten:

- Zuschuss bei „aussergewöhnlichen Betreuungsaufwand",

- Minderleistungsausgleich,

- Zuwendung zur Schaffung eines neuen Arbeitsplatzes, auch bei innerbetrieblicher Umsetzung,

- Zuwendung zur behindertengerechten Ausgestaltung des vorhandenen Arbeitsplatzes.

[vgl. ebd.].

Diese Leistungen kommen den Arbeitgebern zu Gute. Integrationsfachdienste profitieren davon allerdings nicht, im Gegenteil: Da das Antragsprocedere umständlich und für Arbeitgeber abschreckend wirkt, sollte der Fachdienst dieses Verfahren übernehmen. Der Antrag wird dazu vom Fachdienst soweit vorbereitet, dass der „Arbeitgeber nur noch den ‚Briefkopf' durch seinen Firmenstempel ergänzt und seine Unterschrift leistet."
[HORIZONARBEITSGRUPPE(HRSG.) 1999, S.111f]

Langfristig gesehen ist diese Finanzierung von Qualifizierung am Arbeitsplatz nicht aus Mittel der Ausgleichsabgabe abgesichert. Es müssten weitere Leistungsträger einbezogen werden. Eine Berufliche Erstausbildung für *alle* Menschen ist primäre Aufgabe der Bundesanstalt für Arbeit, daher sollte sie sich auch an anfallenden Kosten beteiligen. Sozialhilfeträger, die die Kosten des Arbeitsbereiches in Werkstätten für behinderte Menschen übernehmen, sparen bei jedem in den ersten Arbeistmarkt integrierten Arbeitnehmer und sollten somit auch den Übergang mitfinanzieren [vgl. ebd.].

3.4 Weitere am beruflichen Qualifizierungs- und Integrationsprozess Beteiligte

3.4.1 Das Arbeitsamt

Das Arbeitsamt kann im Prozess der beruflichen Integration als entscheidender Leistungserbringer wirken. Aufgrund seiner Größe ist das Arbeitsamt funktional gegliedert. Gerade Berufsberatung für Behinderte und Schwerbehindertenvermittlung sind entscheidende Ansprech- und Kooperationspartner für eine berufliche Integration. Zusammen mit Schwerbehindertenvermittlern und Mitarbeitern, die neben anderen Aufgaben auch u.a. für die Schwerbehindertenvermittlung zuständig sind, unterhält das Arbeitsamt ein flächendeckendes Netz von Beratungs- und Vermittlungsangeboten.
[JACOBS 1999b, S.24f]

Entsprechend dieser Definition ist zu unterscheiden in allgemeine und besondere Leistungen zur beruflichen Eingliederung (vgl. § 98 SGB III). Die Klientel der Integrationsdienste sollte hierbei grundsätzlich unter die Kriterien der besonderen Leistungen fallen [vgl. ebd.].

In Ermangelung passender Alternativen wird Berufsanwärtern mit geistiger Beeinträchtigung i.d.R. der Berufsbildungsbereich der WfbM als Ort nachschulischer Qualifizierung angeboten. Darüber hinaus kommt eine Qualifizierung in Form der Förderlehrgänge in Frage [48].
[JACOBS 1999b, S.25]

---

[48] vgl. hierzu u.a. die Runderlasse 42/96 und 51/96 der Bundesanstalt für Arbeit, in denen berufsvorbereitende Bildungsmaßnahmen bzw. allgemein auf die berufliche Ersteingliederung junger Menschen mit Behinderungen eingegangen wird.

Der angesprochene Personenkreis kann nur in den seltensten Fällen die sog. Sonderausbildungsgänge in Form der „Helferberufe"[49] durchlaufen, da die Eingangsvoraussetzungen vor allem im Bereich Kulturtechniken zu hoch angesiedelt sind. Weitere Differenzierung der entsprechenden Ausbildungsinhalte z.B durch Schaffung von gegliederten Lernzielen käme jugendlichen Berufsanwärtern mit Beeinträchtigungen entgegen.
[JACOBS 1999b, S.26]

Dafür ist eine weitere Individualisierung und Flexibilisierung der vorhandenen Förderangebote dringend nötig. Da die Finanzierung entsprechender Angebote durch das Arbeitsamt erfolgt, ist es demzufolge auch dessen Aufgabe die beauftragten freien Bildungsträger zu diesem Vorgehen anzuhalten. Regionale Integrationsfachdienste können hier wertvolle Anregungen geben. Sie können den individuellen Qualifikationsbedarf ihrer Klienten einschätzen und mit den Anforderungen des regionalen Arbeitsmarktes (oder eines konkreten Arbeitsplatzes) abstimmen [vgl. ebd.].

Berufsberater beim Arbeitsamt haben die Aufgabe, geistig beeinträchtigte Schulabgänger und Berufsanwärter bei Fragen zur Berufswahl zu beraten und bei der Entscheidung behilflich zu sein, welche berufsvorbereitende Maßnahme schließlich konkret durchgeführt wird.
[BUNDESMINISTERIUMFÜRARBEITUNDSOZIALORDNUNG 2000b, S.62]

Schule und Berufsberatung arbeiten bei der Berufswahl zusammen und übernehmen dabei jeweils originäre Aufgaben, die sich teilweise überschneiden. Die Beratung beginnt bereits in der Schule. Während der Werkstufe informieren im Rahmen einer sogenannten „Berufsorientierung" Berufsberater des Arbeitsamtes über alle für Menschen mit Beeinträchtigungen geeigneten beruflichen Qualifizierungsmaßnahmen. Zusätzlich besteht die Möglichkeit, das Angebot der Berufsberatung wahrzunehmen und sich in den Räumen des Arbeitsamtes über die weiteren berufsvorbereitenden Maßnahmen informieren zu lassen [vgl. ebd.].

Für geistig beeinträchtigte Schulabgänger und Berufsanwärter kommt i.d.R. aus dem breiten Maßnahmenkatalog zur Berufsvorbereitung[50] nur einer dieser Lehrgänge in Frage.

---

[49]vgl. § 48 BBIG bzw. 42b HwO.
[50]Zu diesen Angeboten zählen unter anderem Grundausbildungslehrgänge, Motivationslehrgänge, Arbeitserprobungen und Maßnahmen zur Berufsfindung [NEEB 1999, S.21].

Die Förderlehrgänge 2 und 3 (F 2 / F 3):
Im Unterschied zu den Förderlehrgängen 1 (F 1), die für Menschen mit Beeinträchtigungen eingerichtet sind, die prinzipiell für eine Berufsausbildung in Betracht kommen, jedoch wegen ihrer Lernerschwernis einer besonderen Förderung bedürfen, richten sich die Lehrgänge F 2 / F 3 an Menschen mit Beeinträchtigungen, die aufgrund ihrer Art und Schwere der Beeinträchtigung für eine Berufsausbildung nicht in Betracht kommen, die allerdings mit einer Beschäftigung in einer WfbM unterfordert wären.
[GINNOLD 2000a, S.127]

Diese Lehrgänge laufen i.d.r. über 2 oder 3 Jahre und finden z.T. auch in Betrieben des allgemeinen Arbeitsmarktes statt.[51]

Junge Menschen mit Beeinträchtigungen sollen in diesen Lehrgängen Erfahrungen in verschiedenen Berufsfeldern sammeln und eine „vorberufliche" Qualifikation erwerben [vgl. ebd.].

Für die Teilnahme an diesen Lehrgängen in einem überregionalen Berufsbildungswerk sind Schulabgänger und Berufsanwärter mit geistigen Beeinträchtigungen i.d.R. nicht zugelassen. In den Jahren 1995/ 96 haben bei den Arbeitsämtern rund 173.300 Jugendliche mit Beeinträchtigungen den Rat der Berufsberatung gesucht (70.800 davon in den neuen Bundesländern). Das waren im Gegensatz zum Vorjahr etwa 11,3% mehr. In den neuen Bundesländern stieg die Anzahl um 14,4 % im gleichen Zeitraum.[52]

3.4.2 Der Integrationsfachdienst

Seit Mitte der 80ger Jahre gibt es in Deutschland Initiativen zur beruflichen Eingliederung von Menschen mit geistigen Beeinträchtigungen.
[DOOSE 1998, S.12f]

Sie werden u.a. bezeichnet als „Integrationsfachdienste"[53], die Menschen mit geistigen Beeinträchtigungen helfen, einen geeigneten Arbeitsplatz in einem Betrieb des allgemeinen Arbeitsmarktes aufzunehmen und ihr Beschäftigungsverhältnis dauerhaft zu erhalten [GINNOLD 2000a, S.121ff].

---

[51]F 2 steht in diesem Zusammenhang für einen zweijährigen Lehrgang, F 3 für einen drei Jahre dauernden Lehrgang [NEEB 1999, S.22].
[52]Quelle: Bundesanstalt für Arbeit 1998.
[53]Zur Bezeichnung dieser Fachdienste haben sich verschiedene Begriffe etabliert. Die Arbeitsgemeinschaft der deutschen Hauptfürsorgestellen (neu: „Integrationsämter") spricht von „Integrationsdiensten" , die Bundesvereinigung Lebenshilfe für Menschen mit geistiger Behinderung e.V. von „Fachdiensten zur beruflichen Integration". Weitere gängige Begriffe sind „Berufsbegleitender Dienst" oder „Arbeitsassistenz".

Integrationsfachdienste sollen darüberhinaus für Jugendliche mit Beeinträchtigungen berufliche Alternativen zur Mitarbeiterschaft in einer der Werkstätten für behinderte Menschen schaffen. Sie beraten dabei sowohl die Arbeitssuchenden als auch die Arbeitgeber [vgl. ebd., S.128f].

Ursprüngliche Impulse, die schließlich zur Entstehung von Integrationsfachdiensten führten, kamen vor allem aus der Selbsthilfebewegung [vgl. ebd., S.129].

Besonders Eltern integrativ beschulter Kinder verlangten eine weiterführende Möglichkeit der Begleitung in das Arbeits- und Berufsleben für ihre Kinder.[54]

Laut Bundesarbeitsgemeinschaft für Unterstützte Beschäftigung e.V. (BAG-UB) bietet ein Integrationsfachdienst ambulante und betriebsnahe Unterstützung zur beruflichen Eingliederung als professionelle Dienstleistung für behinderte Arbeitnehmer, Arbeitgeber und verschiedene Leistungsträger.[55]

Die Integrationsfachdienste sehen sich als dezentrale, gemeindenahe, integrierte, flexible und offene Serviceunternehmen. Sie helfen, wenn berufliche Eingliederung von Menschen mit Beeinträchtigungen auf besondere Schwierigkeiten stößt und diese mit einem besonderen Unterstützungsbedarf verbunden ist. [BUNDESMINISTERIUMFÜRARBEITUNDSOZIALORDNUNG 2000a, S.15]

Im Oktober 1994 wurde die Bundesarbeitsgemeinschaft für Unterstützte Beschäftigung (BAG UB) als der bundesweite Zusammenschluss von Integrationsfachdiensten[56] und Initiativen in der Bundesrepublik Deutschland gegründet. Die sozialpolitische Zielsetzung der BAG UB besteht in der Verankerung und Weiterentwicklung von Unterstützter Beschäftigung als ambulante Unterstützung im Arbeitsleben im bundesdeutschen Rehabilitationssystem. Die BAG UB gibt u.a. die vierteljährliche Zeitung *impulse* heraus, organisiert Fortbildung und Beratung im Bereich Unterstützter Beschäftigung und führt Fachtagungen durch.
[DOOSE 1999, S.1f]

Die Arbeitsweise der Integrationsfachdienste ist im einzelnen verschieden. Bei einigen Fachdiensten liegt der Arbeitsschwerpunkt auf der Arbeitsplatzsuche für ihre Klienten; sie bieten dann oft nur kurzzeitige oder keine Arbeitsbegleitung. Es gibt aber auch Integrationsfachdienste, die schwerpunktmäßig Arbeitsplatzsuche mit anschließender Begleitung am Arbeitsplatz betreiben. Letztere sind dem Konzept der Unterstützten Beschäftigung zuzuordnen. Integrationsdienste unterscheiden sich außerdem in ihrer Klientel, Ausstattung, Qualifizierung der Mitarbeiter oder Einbindung in das örtliche Rehabilitationssystem.
[HORIZONARBEITSGRUPPE(HRSG.) 1999, S.186ff]

---

[54]Klett/Thimsen: Online im Internet: URL:http://bidok.uibk.ac.at/impulse/975 _27.html Stand: 21.12.2000

[55]BAG-UB: Online im Internet:URL:http://www.bag-ub.de/ifdinfo.html Stand: 21.12.2000

[56]Bundesweit waren das bereits Ende 1999 über 180 Integrationsfachdienste [GINNOLD 2000a, S.128].

Ebenso heterogen sind bislang die Träger von Integrationsfachdiensten. Überwiegend handelt es sich um Eltern-Selbsthilfeverbände, Wohlfahrtsverbände, Bildungswerke, Sozialpsychiatrische Zentren, Krankenhäuser oder Zusammenschlüsse aus diesen Verbänden.
[BARLSEN 2001, S.44]

Daraus ergeben sich zwischen der Vorgehensweise einzelner Integrationsfachdiensten in Deutschland Unterschiede. Besonders im Wirkungsfeld ihrer Arbeitsassistenten gibt es unterschiedliche Schwerpunkte. So wird z.b. bei der Hamburger Arbeitsassistenz der Integrationsprozess von nur einem Arbeitsassistenten durchgängig begleitet. Die Qualifizierung des Klienten an dessen Arbeitsplatz steht im Vordergrund der Maßnahme.
[BEHNCKE 1996, S.6]

Bei Integrationsfachdiensten in Hessen übernimmt ein sogenannter Integrationsberater ebenfalls alle Phasen der beruflichen Integration, doch liegt hier der Schwerpunkt der Arbeit zunächst auf der Arbeitsplatzakquisition. Bei allen Diensten gilt trotz aller Unterschiede das Prinzip der Freiwilligkeit und Selbstbestimmung der Klienten.

Bei Berufsanwärtern mit anerkannter Schwerbehinderung[57] können z.b. in Hessen bereits während der Schulzeit Integrationsfachdienste die Betreuung von Schulpraktika in den letzten Schulbesuchsjahren in der Sonderschule oder in einer integrativen Klasse unterstützen.

Ihr Arbeitsgebiet reicht von amtlichen oder behördlichen Regelungen bis hin zur Erfüllung der individuellen Bedürfnisse der Klienten.[58]

Mit der Überführung in bundesweit eingerichtete IFD änderte sich jedoch auch deren Auftrag, Zielsetzung und Klientel. Integrationsfachdienste müssen nun alle arbeitslos gemeldeten Schwerbehinderten vermitteln, die ihnen von den regionalen Arbeitsämtern zugewiesen werden. Sie haben eine festgelegte Auflage an Beratungs- und Betreuungszahlen: So müssen sie 20-25 Menschen mit Beeinträchtigungen pro Person betreuen, das entspricht einem Betreuungsschlüssel von 1:25; im Vergleich dazu arbeitet die Hamburger Arbeitsassistenz im ambulanten Arbeitstraining mit Betreuungszahlen von 1:6.
[SCHOLDEI-KLIE 1999, S.5f]

---

[57]Die Inhaberschaft eines Schwerbehindertenausweises ist Voraussetzung für Betreuung durch einen Integrationsfachdienst, vgl. KLETT/THIMSEN: Online im Internet: URL:http://bidok.uibk.ac.at/impulse/975_27.html Stand 21.12.2000

[58]Siehe dazu S.4 der Rahmenvereinbarung über die Zusammenarbeit zwischen Berufsberatung und Integrationsfachdienst in Hessen in:
[JACOBS 1999b, Anhang, ohne Seitennummerierung].

Es steht zu befürchten, dass diejenigen, für die die IFD (in Hessen) ursprünglich geschaffen worden sind: die Schulabgänger, noch weniger Berücksichtigung finden werden als bisher, weil sie auf Grund fehlender beruflicher Vorerfahrungen am schwersten zu vermitteln sind und weil sie erfahrungsgemäß von den Berufsberatern in den Arbeitsämtern den IFD nicht zugewiesen werden [vgl. ebd.].

In der Klientel der regionalen IFD bilden Jugendliche aus Sonderschulen oder Integrationsklassen aktuell neben allen anderen Arbeitsuchenden mit Beeinträchtigung eine Minderheit.[59]

Für Mitarbeiter der WfbM wird es daher ebenso schwieriger werden, den IFD in Anspruch zu nehmen. Zumal Menschen mit Beeinträchtigungen, die in einer WfbM angestellt sind, nicht als arbeitslos gelten.

3.4.3 Der jugendliche Rehabilitant mit geistiger Beeinträchtigung

„Die ‚Kunden' der WfbM sind also Menschen mit Behinderung, die eine ganzheitliche Rehabilitation nachfragen".
[GRAMPP 1996, S.1]

Diese Menschen mit geistiger Beeinträchtigung müssen als gleichwertiges Subjekt im Kooperationsprozess angenommen und nicht zum Objekt rehabilitativer Maßnahmen abgestuft werden.
[BUNDESANSTALTFÜRARBEIT 1996, S.5]

Diese Perspektive basiert auf der Anerkennung menschlicher Fähigkeiten und steht für eine Abkehr von bisherigen Erfahrungen, denn entsprechende Ansätze, die sich vom Vorstellungsbild eines inkompetenten, hilfs-, behandlungs- und belieferungsbedürftigen Klienten leiten lassen, stoßen häufig bei Betroffenen auf Unsicherheit in ihrer Lebenssituation, später dann auf Widerspruch und Unverständnis. Sie führen kaum zu angemessenen Lösungen oder weiterführenden Entwicklungen, sondern befördern eher eine immer weiter fortschreitende Entwertung von Lebensstilen und Bewältigungsformen und erzeugen Effekte einer Self-Fulfilling-Prophecy.
[THEUNISSEN 1999, S.1ff]

---

[59]Laut Angaben von IFD-Mitarbeitern im Januar 2002.

3.4. AN QUALIFIZIERUNG UND INTEGRATION BETEILIGTE...

Die Stärkenperspektive gründet sich auf der Würdigung positiver Eigenschaften und menschlichen Fähigkeiten. Sie sucht Wege, wie sich individuelle und soziale Ressourcen entwickeln und unterstützen lassen, ausgehend davon, dass alle Menschen eine Vielzahl von Talenten, Fähigkeiten, Kapazitäten, Fertigkeiten und auch Sehnsüchten haben [vgl.ebd.]. Diese Kapazitäten bei allen Menschen zu sehen, ist unabdingbar, denn kontinuierliches Wachstum entsteht nur durch die Anerkennung und Entwicklung von Stärken.
[THEUNISSEN 1995, S.21f]

Die Perspektive individueller Stärken hat ihren Ursprünge u.a. in der Philosophie und in dem Konzept des „Empowerment". Der Begriff [60] steht für einen „Selbst-Ermächtigungsprozess", indem Menschen selbst in gesellschaftlich marginaler Position ihre Angelegenheiten selbst in die Hand nehmen, sich dabei ihrer eigenen Fähigkeiten bewusst werden, eigene Kräfte entwickeln und soziale Ressourcen nutzen. Leitperspektive ist dabei die individuelle Kontrolle über die eigenen und gemeinsamen Lebensumstände sowie die selbstbestimmte, sozialverantwortliche Bewältigung und Gestaltung des eigenen Lebens.
[THEUNISSEN 1999, S.3]

Obgleich eine einheitliche theoretische und konzeptionelle Gestalt von Empowerment noch nicht in letzter Fassung vorliegt, lassen sich bereits viele übereinstimmende Leitgedanken feststellen, die Menschen mit Beeinträchtigungen als „Experten in eigener Sache" betrachten und damit radikal mit Positionen traditioneller Heilpädagogik brechen.
[THEUNISSEN 1995, S.16ff]

---

[60] Zur Begriffsdefinition: Empowerment (engl.) to empower = jemanden ermächtigen / oder: die Vollmacht erteilen, etwas zu tun (aus: Collins Großwörterbuch Englisch, 1992); der Begriff stammt ursprünglich aus der US-amerikanischen Gemeindearbeit und wird mit dem Sozialwissenschaftler Julian Rappaport (1985) in Verbindung gebracht [THEUNISSEN 1995, S.15f].

Kernthesen des Empowerment sind:

- Die Absage an ein defizitorientiertes Menschenbild.

- Beim Empowerment ist ein Erfüllen von Normen, bürgerlichen Idealen oder ein Erreichen von Durchschnittsleistungen nicht von Bedeutung. Der eigene Weg im eigenen Zeitrhythmus auch bei unkonventionellen Lebensentwürfen wird akzeptiert und dieses Eigensein respektiert.

- Der Mensch mit Beeinträchtigung ist fähig, sein Leben zu meistern, er ist Experte seiner Beeinträchtigung / seines individuellen Lebensschicksals.

- Die positive Entwicklung des Menschen mit Beeinträchtigung steht im Mittelpunkt des Bemühens der Helfer.

- Der Helfer ist Begleiter, Unterstützer des Experten, der Subjekt ist und sich als ICH erkennt.

- Jegliche Unterstützung muss sich an der Lebenswelt, den Rechten, Bedürfnissen, Wünschen des betreffenden Menschen orientieren.

[THEUNISSEN 1998, S.123]
Mit dieser veränderten Sichtweise des Menschen mit geistiger Beeinträchtigung, einer damit einhergehenden kompetenzorientierten professionellen Grundhaltung muss ein heilpädagogischer oder therapeutischer Fokus nicht mehr vorwiegend auf Defizite, sondern kann endlich auf Stärke- und Entwicklungspotentiale, die nicht selten im Verborgenen schlummern, ausgerichtet sein.
[THEUNISSEN 1999, S.2]
Für den Prozess der beruflichen Qualifizierung bedeutet das, Vorstellungen und Wünsche von Menschen mit geistiger Beeinträchtigung bei Planung und Durchführung anspruchsvoller Qualifizierungskonzepte mit einzubeziehen. Diese Menschen selbst können am besten ihre jeweiligen Kenntnisse, Fähigkeiten, Ansprüche und Interessen glaubhaft darlegen.
Um alle Stärken eines Menschen kennenzulernen und sie zu ihrer Entfaltung kommen zu lassen, ist eine möglichst gute Kenntnis des Lebensraumes der Person nötig.[61] Ob individuelle berufliche Förderung erfolgreich verläuft, hängt vor

---

[61]nach der Feldtheorie LEWINs ergeben *Person* und *Umwelt* den *Lebensraum* [PROJEKTBERUFLICHEINTEGRATION(PBI) 1998, S.25].

allem auch davon ab, wie sehr Schule, Betrieb, Institutionen, Therapeuten, Familie, Freunde und das Umfeld eines Menschen mit Beeinträchtigung dessen krisenhafte Übergangssituation erkennen.
[PROJEKTBERUFLICHEINTEGRATION(PBI) 1998, S.24]

Je vielfältiger ein gemeinsames Engagement im gesamten Umfeldes eines Jugendlichen mit Beeinträchtigungen und je enger und flächendeckender eine Zusammenarbeit erfolgt, desto besser kann sich dessen Qualifizierung und Integration gestalten [ebd., S.23].

3.4.4 Die „Runden Tische" innerhalb einer Region zur Erstellung eines individuellen Förderplans zur beruflichen Qualifizierung und Integration

Ein junger Mensch mit Beeinträchtigung ist beim Übergang in die Arbeitswelt mit unzähligen unbekannten „neuen" Menschen, Institutionen, Ämtern, Ausbildungsstellen und Diensten konfrontiert, die ihn zumeist nicht kennen.

Damit die Kontinuität seiner Entwicklung erhalten bleibt, er also nicht stagniert, oder gar retardiert, ist der junge Berufsanwärter darauf angewiesen, dass sich seine Bezugspersonen untereinander über Erkenntnisse und Erfahrungen austauschen. Dadurch werden jungen Menschen Aufgaben des Überganges wie der Wechsel der sozialen Bezugsgrößen, der Tätigkeitsform usw. erleichtert.

Zahlreiche Institutionen wirken im Qualifikations- und Integrationsprozess für junge Menschen mit geistigen Beeinträchtigung, sie tun dieses oft ausschließlich in ihrem eigenen Rahmen. Erst die Entwicklung gemeinsamer Aufgaben und Ziele ermöglicht verzahntes Arbeiten.
[PROJEKTBERUFLICHEINTEGRATION(PBI) 1995, S.42]

Die dazu eingerichteten „Runden Tische" bieten einen regionalen Rahmen zum gegenseitigem Kennenlernen, zur Vorstellung der individuellen Konzepte, zur Verknüpfung von Angeboten, zu Kooperationsvereinbarungen und schließlich zu enger Zusammenarbeit zum Wohle des Menschen mit Beeinträchtigung [vgl.ebd., S.43].

An den „Runden Tischen" sollten alle am Prozess beteiligten Akteure (örtliche Integrationsfachdienst, Werkstufe der Sonderschule, Arbeitsverwaltung, Berufsschule, Berufsbildungsbereich der Werkstatt für behinderte Menschen, Vertreter der Arbeitgeberverbände, der Handelskammern...) teilnehmen.
[PROJEKTBERUFLICHEINTEGRATION(PBI) 1998, S.22f]

Gemeinsam können sie die entstehende Kooperationsdynamik nutzen und zu kreativer gemeinsamer Förderplanung und -umsetzung kommen.[62] [vgl. ebd.]

Initiatoren eines solchen Tisches könnte ein regionaler Integrationsfachdienst sein, Gruppenleiter / Sozialer Dienst aus dem Berufsbildungsbereich der WfbM oder die Haupt- und Werkstufenleitung einer Schule für Menschen mit Beeinträchtigung.

Effektive Arbeitskreisarbeit stabilisiert durch den Erfahrungs- und Informationsaustausch sogenannte „Einzelkämpfer" die häufig in sozialen Berufen ohne entsprechende Supervision arbeiten und diesen Zustand auf Dauer beklagen. Eine regelmäßige Zusammenkunft stärkt darüberhinaus die Kooperationsbereitschaft und Umsetzung und somit auch die Identifikation mit dem eigenen Berufsbild.
[DÖPP 1997, S.292f]

---

[62]Dabei sollte gewährleistet sein, dass Menschen mit Beinträchtigung und deren Eltern bzw. Betreuer über alle Aktivitäten informiert sind und im Rahmen ihrer Möglichkeiten teilnehmen können.

3.5 Das SGB IX als neue rechtliche Grundlage für die berufliche Qualifizierung und Integration auch von Menschen mit geistigen Beeinträchtigungen

Mit dem Neunten Sozialgesetzbuch (SGB IX) kommt der Gesetzgeber endlich der seit langem bestehenden Forderung nach Weiterentwicklung und Zusammenfassung des Rechts auf Rehabilitation für Menschen mit Behinderung nach.[63] [BUNDESMINISTERIUMFÜRARBEITUNDSOZIALORDNUNG 2001a, S.7]

Dieses Gesetz soll unter den Aspekt „Teilhabe und Selbstbestimmung", die Integration von Menschen mit Behinderungen in Familie, Beruf und das tägliche Leben fördern.
[BUNDESMINISTERIUMFÜRARBEITUNDSOZIALORDNUNG 2001a, S.9]

Erklärtes Ziel dieses Gesetzentwurfs ist es, Selbstbestimmung und gleichberechtigte Teilhabe von Menschen mit Behinderungen am Leben in der Gesellschaft zu fördern und dem im Grundgesetz verankerten Benachteiligungsverbot für diese Personengruppe endlich mehr Geltung zu verschaffen. Menschen mit Beeinträchtigungen dürfen nicht länger Objekt der Fürsorge anderer sein, sondern müssen von nun an ihr Leben selbst gestalten können [vgl. ebd.].

Nach den alten Regelungen wurden Leistungen und Hilfen zur Eingliederung von Menschen mit Behinderungen zwar nach den selben Kriterien erbracht (z.B. Hilfsmittel, Leistungen zur Eingliederung), die anzuwendenden Vorschriften waren jedoch je nach Rehabilitationsträger uneinheitlich.
[BUNDESMINISTERIUMFÜRARBEITUNDSOZIALORDNUNG 2001a, S.7]

Dieses erschwerte eine Kooperation unterschiedlicher Träger, da für verschiedene Leistungsbereiche und die Zuständigkeitsregeln nicht überall sachgerechte Abgrenzungs- oder Verknüpfungsvorschriften existierten [vgl. ebd.].

Die Zersplitterung der einschlägigen Rechtsvorschriften erschwerte die Rechtsauslegung und Rechtsanwendung sowohl bei den beteiligten Trägern und Stellen wie auch für die Leistungsempfänger. Für eine einheitliche Umsetzung der Rehabilitation sorgt nun eine Vereinheitlichung der Begriffe und Abgrenzungskriterien im SGB IX [vgl. ebd.].

---

[63]Das Gesetz ist am 01. Juli 2001, bzw. 01. Januar 2002 in Kraft getreten [BUNDESMINISTERIUMFÜRARBEITUNDSOZIALORDNUNG 2001a, S.190].

3.5. DAS SGB IX...

Mit Einführung des SGB IX hat der Gesetzgeber eine für alle Rehabilitationsträger eine gemeinsame „Plattform" geschaffen, die durch Koordination und Kooperation ein gemeinsames Recht und eine einheitliche Praxis der Rehabilitation und der Behindertenpolitik ermöglichen soll [vgl. ebd.].[64]

Rehabilitationsmaßnahmen setzen sich aus mehreren Teilaufgaben und Leistungen der Kranken-, Unfall-, Renten- und Arbeitslosenversicherung sowie des Sozialen Entschädigungsrechts der Jugend- und der Sozialhilfe zusammen. Von einer verbesserten und zielgerichteten Kooperation der zuständigen Träger und einer zügigen Erbringung von Leistungen zur Rehablitation und Teilhabe profitieren alle: Empfänger, Träger und Erbringer von Leistungen.

Mit dem Gesetz soll das Rehabilitationsrecht bürgernah gestaltet werden. Durch gemeinsame Servicestellen aller Rehabilitationsträger auf Kreisebene soll somit zukünftig wohnortnahe, umfassende und trägerübergreifende Beratung und Hilfe verfügbar sein. Ein Qualitätsmanagement ist ebenso geplant: „Der Zugang zu Leistungen, die Zusammenarbeit von Leistungsträgern, Leistungserbringern und Leistungsempfängern und die Erbringung der Leistung soll unter Sicherung von Qualität und Effizienz gestaltet werden."[65] [BUNDESMINISTERIUMFÜRARBEITUNDSOZIALORDNUNG 2001a, S.8]

Die wichtigsten Neuerungen durch das SGB IX:[66]

1. „Das Partizipationsmodell" – ein selbstbestimmten Lebens für behindert und von Behinderung bedrohter Menschen ist oberstes Ziel des SGB IX. Dabei ist besonders die Teilhabe dieses Personenkreises in der Gesellschaft, speziell im Arbeitsleben, zu fördern.

---

[64]Das geteilte System der Zuständigkeit der verschiedenen Rehabilitationsträger wurde zwar beibehalten, es soll aber auf Grundlage der harmonisierten Rechtsvorschriften im SGB IX dennoch eine zielgerichtete Zusammenarbeit geschaffen werden [BUNDESMINISTERIUMFÜRARBEITUNDSOZIALORDNUNG 2001a, S.7].

[65]Einrichtungsintern soll der jeweilige Leistungserbringer ein Qualitätsmanagement einführen (§ 20 SGB IX).

[66]Siehe dazu ausführliche Erläuterungen des [BUNDESVERBANDDERTRÄGERDERGESETZL.UNFALLVERSICHERUNG 2001]

Dieses Ziel soll sowohl mit medizinischen, beruflichen als auch sozialen Leistungen umgehend und dauerhaft verwirklicht werden.[67] [BUNDESMINISTERIUMFÜRARBEITUNDSOZIALORDNUNG 2001a, S.8]

2. Der Behindertenbegriff wurde angepasst. Nach § 2 Abs. 1 Satz 1 SGB IX gelten nun Menschen als „behindert, wenn ihre körperliche Funktion, geistige Fähigkeit oder seelische Gesundheit mit hoher Wahrscheinlichkeit länger als sechs Monate von dem für das Lebensalter typischen Zustand abweichen und daher ihre Teilhabe am Leben in der Gesellschaft beeinträchtigt[68] ist" [ebd.].

Der Gesetzgeber orientiert sich bei dieser Definition des Behindertenbegriffs nicht mehr an wirklichen oder vermeintlichen Defiziten des Menschen mit Beeinträchtigung, sondern betont die Teilhabe an den verschiedenen Lebensbereichen.

3. „Einheitlichkeit, unmittelbares Recht" – das SGB IX beendet die Uneinheitlichkeit und Unübersichtlichkeit des bestehenden Rehabilitationsrechts. Menschen mit Beeinträchtigungen und deren Betreuer können sich damit besser im Rehabilitationsrecht zurecht finden. Das SGB IX fasst nunmehr die Rechtsvorschriften zusammen, die für verschiedene Rehabilitationsträger einheitlich gelten.

---

[67]Für Menschen mit Beeinträchtigung sollen durch bauliche Maßnahmen barrierefreie Zugänge geschaffen werden. Hörgeschädigten Menschen soll in der Kommunikation mit öffentlichen Einrichtungen die Verwendung von Gebärdensprache erlaubt sein [BUNDESMINISTERIUMFÜRARBEITUNDSOZIALORDNUNG 2001a, S.8].

[68]zum Begriff „Beeinträchtigung" siehe auch Anmerkung im Vorwort dieser Arbeit.

3.5. DAS SGB IX...

Damit werden unterschiedliche Regelungen, die heute noch in vielen verschiedenen Gesetzen verstreut sind, vereinheitlicht und zusammengefasst. Das SGB IX ist nun bereichsübergreifend wirksam[69] analog zu den Regelungen des SGB I, SGB IV und SGB X, d.h. die Vorschriften des SGB IX sind direkt von den Rehabilitationsträgern anzuwenden, soweit in den einzelnen Leistungsgesetzen keine besonderen Regelungen vorgesehen sind.[70]

4. „Einbeziehung der Sozial- und Jugendhilfeträger" – um die Zusammenarbeit der einzelnen Rehabilitationsträger zu gewährleisten, sollen die Träger der Sozial- und der öffentlichen Jugendhilfe nach dem SGB IX in den Kreis der Rehabilitationsträger einbezogen werden. Träger der Jugendhilfe sowie die Träger der Sozialhilfe werden damit in den Kreis der Rehabilitationsträger aufgenommen. Die Übernahme der für Rehabilitationsträger geltenden Verfahrens- und Abstimmungsvorschriften auf die Sozialhilfeträger kommt insbesondere den Menschen zu Gute, die Hilfen und Leistungen mehrerer Träger benötigen.

Dadurch wird dem Gedanken Rechnung getragen, dass zu einer vollen Teilhabe am Leben in der Gesellschaft neben medizinischen und beruflichen Leistungen zur Rehabilitation in vielen Fällen auch noch weitere Leistungen gehören.
[BUNDESMINISTERIUMFÜRARBEITUNDSOZIALORDNUNG 2001a, S.10]

5. „Wunsch- Wahlrecht, persönliches Budget" – um Eigenverantwortlichkeit der Menschen mit Beeinträchtigung zu fördern und ihnen bei der Ausführung der Leistungen möglichst breiten Raum zu eigenverantwortlicher Gestaltung ihrer Lebensumstände zu belassen, erhalten die Betroffenen erweiterte Wunsch- und Wahlrechte, die als Rechtsanspruch formuliert sind.[71]

---

[69] „Mit der Einführung des SGB IX werden die für die Rehabilitationsträger maßgebenden Leistungsgesetze (z. B. SGB III, SGB VI, SGB VII, SGB VIII, SGB XI) so geändert, dass diese nur noch besondere Regelungen enthalten. Art, Gegenstand, Umfang, Qualität und Ausführung der Leistung richten sich ab nun grundsätzlich nach den Vorschriften des SGB IX" [BUNDESMINISTERIUMFÜRARBEITUNDSOZIALORDNUNG 2001a, S.8].

[70] „So sieht § 7 SGB IX ebenso wie § 37 SGB I vor, dass sich die Zuständigkeit, die Voraussetzungen, die Art und der Umfang der Leistungen der Rehabilitationsträger vorrangig nach den für sie jeweils geltenden besonderen Rechtsvorschriften richtet, da sich diese bei Beibehaltung des gegliederten Systems der einzelnen Rehabilitationsträger nicht einheitlich regeln lassen. Damit besteht weiterhin die Möglichkeit, für jeden Träger spezifische Bestimmungen auch hinsichtlich Gegenstand, Umfang und Ausführung der Leistungen zu treffen. Ansonsten gilt das SGB IX" [BUNDESMINISTERIUMFÜRARBEITUNDSOZIALORDNUNG 2001a, S.9].

[71] „Bei der Entscheidung über die Leistungen und über die Ausführung der Leistungen zur Teilhabe wird berechtigten Wünschen der Leistungsberechtigten entsprochen" – § 9 SGB IX.

3.5. DAS SGB IX... 104

Dieses ermöglicht, dass die Leistungsempfänger eine eigentliche Sachleistung, wenn sie nicht in einer Rehabilitationseinrichtung ausgeführt werden muss, als Geldleistung wählen können, vorausgesetzt diese Geldleistung entspricht in ihrer Wirksamkeit der Sachleistung und ist zumindest gleich wirtschaftlich. Das bedeutet, dass diese Leistungen in geeigneten Fällen auch in Form eines persönlichen Budgets erbracht werden können.[72]

6. „Teilhabe von behinderten und von Behinderung bedrohten Frauen und Kindern " – die Belange dieser Gruppen werden im SGB IX besonders berücksichtigt. So sollen gerade für Frauen geeignete, wohnortnahe Angebote und berufsfördernde Maßnahmen angeboten werden, die sich mit einer Kinderbetreuung vereinbaren lassen. Reisekosten für Kinder und Betreuungskosten werden in berechtigten Fällen übernommen.
[BUNDESMINISTERIUMFÜRARBEITUNDSOZIALORDNUNG 2001a, S.11]

Den Bedürfnissen von Kindern (bis zum 18.Lebensjahr) mit Beeinträchtigung wird nun in einer Kompexleistung „Frühförderung" entsprochen. Der Gesetzgeber hat sich hierbei an Artikel 1 der UN-Kinderrechtskonvention orientiert [vgl. ebd.].

7. „Zuständigkeitsverfahren" – Eventuelle Unklarheiten über die Zuständigkeit, über eine damit zusammenhängende vorläufige Leistungserbringung oder bei Eilbedürftigkeit sollen zukünftig nicht mehr zu Lasten der Menschen mit Beeinträchtigung bzw. der Schnelligkeit und Qualität der Leistungserbringung gehen.[73] Lange Wartefristen, die eine erfolgreiche Rehabilitation gefährden, sollen dadurch verkürzt werden.[74] [vgl. ebd.].

8. „Einrichtung von Servicestellen" – durch Kooperation und Koordination der Leistungsträger soll der Leistungsempfänger schnell und effizient Zugang zu den ihm zustehenden Leistungen bekommen.

---

[72] In Ermangelung praktischer Erfahrung sollen diese Formen der Leistungserbringung zunächst in Modellvorhaben erprobt werden [BUNDESMINISTERIUMFÜRARBEITUNDSOZIALORDNUNG 2001a, S.10f].
[73] Das Verwaltungsverfahren soll durch eine schnelle Zuständigkeitserklärung drastisch verkürzt werden, die Zuständigkeit der einzelnen Zweige der sozialen Sicherheit für Rehabilitationsleistungen bleibt jedoch unangetastet (§ 7 Satz 2 SGB IX).
[74] Die maximale Bearbeitungsfrist im Zuständigkeitsverfahren soll nach § 14 SGB IX 6 Wochen betragen.

Servicestellen sollen umfangreiche Beratungs- und Unterstützungsaufgaben bis hin zur gründlichen Vorbereitung einer unverzüglichen Entscheidung des jeweiligen Rehabilitationsträgers bieten, so dass allen, die eine Rehabilitation brauchen, schnell und unbürokratisch geholfen werden kann.[75] Die gemeinsamen Servicestellen sollen auch während der Leistungserbringung Ansprechpartner für die Betroffenen bleiben.[76] Sie können ggf. mehrere Rehabilitationspartner und andere Beteiligte koordinieren oder zwischen diesen vermitteln.
[BUNDESMINISTERIUMFÜRARBEITUNDSOZIALORDNUNG 2001a, S.13f]

9. „Vorrang von Leistung zur Teilhabe" – im SGB IX wird deutlich gemacht, dass nicht nur Renten- und Pflegeleistungen, sondern alle Sozialleistungen zu nutzen sind, die zu einer positiven Entwicklung eines Menschen mit Beeinträchtigung beitragen können.[77] Dabei haben Leistungen zur Teilhabe Vorrang vor Rentenleistungen.[78]

10. „Stufenweise Wiedereingliederung" – um arbeitsunfähigen Leistungsberechtigten die schrittweise Wiederaufnahme ihrer Tätigkeit zu ermöglichen, wird die (bisher ausdrücklich nur in der gesetzlichen Krankenversicherung verankerte) Möglichkeit der stufenweisen Wiedereingliederung für alle Bereiche der medizinischen Rehabilitation vorgesehen.
[BUNDESMINISTERIUMFÜRARBEITUNDSOZIALORDNUNG 2001a, S.14]

11. „Arbeitsassistenz" – um dem Hilfebedarf besonders schwer beeinträchtigter Menschen bei einer (Wieder-) Erlangung eines Arbeitsplatzes gerecht zu werden, sollen diese gegenüber den Rehabilitationsträgern, die Leistungen zur Teilhabe am Arbeitsleben erbringen, (nach § 33 SGB IX), einen Anspruch auf notwendige Arbeitsassistenz erhalten.

---

[75] „Dem Betroffenen sollen die Leistungen wie ‚aus einer Hand' erbracht erscheinen, auch wenn mehrere Leistungsträger bei der Erbringung der Leistung beteiligt sind." [BUNDESMINISTERIUMFÜRARBEITUNDSOZIALORDNUNG 2001a, S.13]
[76] Dadurch sollen Information und Beratung für den Menschen mit Beeinträchtigung leichter erreichbar, transparenter und verständlicher werden [vgl. ebd.].
[77] Nach § 33 SGB IX, Satz 6 gehören dazu auch pädagogische und psychologische Hilfen.
[78] Siehe § 8 SGB IX.

Die Regelung stellt sicher, dass dieser Personenkreis notwendige Leistungen zur Teilnahme am Arbeitsleben im erforderlichen Umfang erhält.[79]

12. „Übergangsgeld" – nun besteht während der medizinischen und beruflichen Rehabilitation ein Anspruch auf Übergangsgeld. Unabhängig davon, ob die Leistung stationär oder ambulant erbracht wird bzw. der Betroffene trotz der Leistung zur Teilhabe eine ganztätige Erwerbstätigkeit ausüben kann[80] [vgl. ebd.].

13. „ambulant vor stationär" – eine Flexibilisierung der Rehabilitation gewinnt immer mehr an Bedeutung. Unter Berücksichtigung der jeweiligen persönlichen Umstände und der Wirksamkeit der Leistungen wird deshalb festgelegt, dass ambulante und teilstationäre Leistungen grundsätzlich gegenüber vollstationären Leistungen zu bevorzugen sind, vorausgesetzt diese Form der Leistung entspricht dem persönlichen und beruflichen Interesse des Menschen mit Behinderung.

Bei der Entscheidung, ob ambulante oder stationäre Leistung zu gewähren ist, sind aus diesem Grund stets die Umstände des Einzelfalls zu prüfen [vgl. ebd.].

14. „Leistungen im Ausland" – grundsätzlich geht der Gesetzgeber davon aus, dass beantragte Leistungen zur Teilhabe im Inland zu erbringen sind.
§ 18 eröffnet nun darüber hinaus die Möglichkeit, dass Sachleistungen auch im Ausland erbracht werden können, wenn sie dort bei zumindest gleicher Qualität und Wirksamkeit wirtschaftlicher ausgeführt werden können.

Leistungen zur Teilhabe am Arbeitsleben können in angrenzenden Nachbarstaaten auch ausgeführt werden, wenn sie für die Aufnahme oder Ausübung einer Beschäftigung oder selbständigen Tätigkeit erforderlich sind. [BUNDESVERBANDDERTRÄGERDERGESETZL.UNFALLVERSICHERUNG 2001]

Erstmals werden die in § 132ff. des SGB IX genannten Integrationsprojekte (-firmen, -betriebe, -abteilungen) als eine Sonderform der Beschäftigung auf dem allgemeinen Arbeitsmarkt aufgeführt.[81]
[BUNDESMINISTERIUMDERJUSTIZ(HRSG.) 2001, S.1129ff]

---

[79]Dieser Anspruch besteht (ergänzend!) neben dem Anspruch gegenüber dem Integrationsamt (früher: Hauptfürsorgestelle) [BUNDESMINISTERIUMFÜRARBEITUNDSOZIALORDNUNG 2001a, S.15].
[80]Die Höhe und Berechnung des Übergangsgeldes ist nun in §§ 46 ff. SGB IX geregelt, §§ 163 bis 168 SGB III sind dahingehend aufgehoben.
[81]siehe dazu § 4 Absatz 5 Satz 3 der Werkstättenverordnung im Anhang.

3.5. DAS SGB IX... 107

„alter" Sprachgebrauch	„neuer" Sprachgebrauch
Behinderte	behinderte Menschen
Eingliederung	Teilhabe
berufliche Eingliederung	Leistungen zur Teilhabe am Arbeitsleben
berufsfördernde Maßnahme	Leistungen zur Teilhabe am Arbeitsleben
berufliche Rehabilitation	Teilhabe am Arbeitsleben
Eingliederung in die Gesellschaft	Teilhabe am Leben in der Gesellschaft
soziale Eingliederung	Teilhabe am Leben in der Gesellschaft
Hauptfürsorgestelle	Integrationsamt
Maßnahme	Leistung
Krankenhilfe	Hilfe bei Krankheit
Rehabilitation	Leistungen zur Teilhabe
Berufsfindung	Abklärung zur beruflichen Eignung

Insgesamt werden im SGB IX in 60 Artikeln Sozialleistungsgesetze geändert. Geändert wurde vor allem auch die Diktion. So werden in diesem Gesetz nicht mehr Begriffe „Behinderter" oder „Schwerbehinderter" benutzt, sondern der Begriff „Menschen mit Behinderung". Die Hauptfürsorgestellen wurden angesichts des auf Integration und Teilhabe ausgerichteten Gesetzes mit den sich daraus ergebenden entsprechenden Aufgabenstellungen zu „Integrationsämtern". Schließlich steht begrifflich das Recht auf Teilhabe behinderter Menschen am Leben in der Gemeinschaft und am Arbeitsleben im Vordergrund und nicht mehr der Abbau behinderungsbedingter Nachteile. Der Begriff „Maßnahme" wurde durch den Begriff „Leistung" ersetzt, „Krankenhilfe" durch „Hilfe bei Krankheit" „Rehabilitation"durch „Leistung zur Teilhabe" und „Berufsfindung" durch „Abklärung der beruflichen Eignung" [vgl. ebd.].
(siehe dazu auch Tabelle oben, aus:
[BUNDESMINISTERIUMFÜRARBEITUNDSOZIALORDNUNG 2001a, S.6])

Darüberhinaus wird im SGB IX der Rehabilitationsauftrag der Werkstatt für behinderte Menschen nochmals verstärkt betont. Die WfbM hat nun ausdrücklich den Auftrag zur Verbesserung des Übergangs von Menschen mit Beeinträchtigung auf den allgemeinen Arbeitsmarkt[82] [vgl. ebd.].

---

[82]siehe dazu § 5 der Werkstättenverordnung im Anhang.

Die WfbM ist nach der neuen Regelung des SGB IX zur Beteiligung des Fachausschusses auch im Arbeitsbereich verpflichtet. Bisher endete die Beteiligung des Fachausschusses mit Abschluss der Maßnahmen im Berufsbildungsbereich. Diese Verpflichtung erstreckt sich sowohl auf Planung und Durchführung von arbeitsbegleitenden Maßnahmen zur Erhaltung und Erhöhung der im Berufsbildungsbereich erworbenen Leistungsfähigkeit und zur Weiterentwicklung der Persönlichkeit des Menschen mit Beeinträchtigung als auch auf die Förderung des Übergangs geeigneter Werkstattbeschäftigter auf den allgemeinen Arbeitsmarkt[83] [vgl. ebd.].

3.6 Kooperation und Vernetzung als unverzichtbare Umsetzungselemente für gelungene berufliche Qualifizierungs- und Integrationsprozesse.

3.6.1 Kooperation – Begriffsbestimmung

Kooperation ist nach GRUNWALD „jegliche Form der Zusammenarbeit, die der Minimalbedingung ‚gemeinsame Zielsetzung oder Aufgabe' entspricht" (GRUNWALD 1981 in:[PROJEKTBERUFLICHEINTEGRATION(PBI) 1998, S.23]).

Für JACOBS ist Kooperation darüberhinaus ein unverzichtbarer Bestandteil und grundlegendes Arbeitsprinzip im beruflichen Rehabilitations- bzw. Integrationsprozess. Kooperation benötigt für eine praktische Umsetzung entsprechende institutionelle und individuelle Rahmenbedingungen und orientiert sich an den jeweiligen individuellen Bezügen des Menschen mit geistiger Beeinträchtigung.
[JACOBS 1998, S.371]

Kooperation findet nicht aus Aktionismus oder Selbstzweck statt, vielmehr impliziert sie eine gemeinsame Zielfindung zur beruflichen Integration und Qualifikation gemeinsam mit dem Menschen mit geistiger Beeinträchtigung als agierendem Subjekt seiner rehabilitativen Lebenswelt [vgl. ebd.].

3.6.2 Wesenselemente von Kooperation

Die Kooperationsprozesse zwischen den einzelnen Teilsystemen sind gekennzeichnet durch quantitativ wie qualitativ ausgewogene, kontinuierliche Zusammenarbeit in allen Richtungen. In einem gegenseitigen „Geben und Nehmen" sollten Ergebnisse sowie Fallstudien mit einer entsprechenden Reflexion des damit verbundenen Wissens auf interdisziplinärer Ebene ausgetauscht werden [vgl. ebd.].

---

[83] siehe dazu § 5 Absatz 5 der Werkstättenverordnung im Anhang.

3.6. KOOPERATION UND VERNETZUNG...

Der dem Nachfolgenden zugrunde gelegte Kooperationsbegriff beinhaltet mit JACOBS wesentliche Mermale wie:

- „Austausch und Reflexion von Erfahrungen, Ergebnissen sowie auch Fallstudien auf interdisziplinärer Ebene;

- Prozesshaftigkeit und Wechselhaftigkeit, d.h. dass Kooperation, wenn sie wirkungsvoll sein soll, kontinuierlich und in beide Richtungen verlaufen muss;

- Ausgewogenheit, d.h. dass Kooperationsprozesse durch ein quantitativ und qualitativ ausgewogenes Verhältnis im wechselseitigen Austausch, d.h. in einem gegenseitigen Geben und Nehmen, ausgestattet werden müssen;

- Vernetzung als Prozess und Ergebnis einer Verdichtung von Kooperationsprozessen verschiedener Dienste."

[JACOBS 1998, S.371]
Kooperation ist als Handlungsdimension im Bereich der beruflichen Qualifizierung und Integration von Menschen mit Beeinträchtigungen zu verstehen.
[PROJEKTBERUFLICHEINTEGRATION(PBI) 1998, S.23]
Damit ist Kooperation ein unverzichtbarer Bestandteil im beruflichen Rehabilitations- bzw. Integrationsprozess. Kooperation darf jedoch kein einmaliges Handeln, sondern muss grundlegendes Arbeitsprinzip im Bereich der Rehabilitation, wie z.B. in beruflichen Qualifizierungs- und Integrationsprozessen sein. Entsprechende institutionelle und individuelle Rahmenbedingungen sind aus diesem Grund unerlässlich [vgl. ebd.].

Kooperation folgt keinem Selbstzweck, sondern beinhaltet eine vereinte Zielfindung zur beruflichen Integration und Qualifizierung gemeinsam mit dem Menschen mit geistiger Beeinträchtigung als aktivem Mitgestalter seiner Lebenswelt. Kooperation hat sich daher konsequent an den jeweiligen lebensweltlichen Bezügen des Betroffen zu orientieren [vgl. ebd.].

Pädagogisches Handeln in Kooperation ist mit dem Prozess des sich öffnens verbunden. Arbeiten in einem Team stellt für alle Beteiligten eine Herausforderung dar, denn Teamarbeit hat eine Hinterfragung der Kompetenzen des Einzelnen zur Folge. Die eigenen Fähigkeiten müssen rest- und vorbehaltlos eingesetzt und preisgegeben werden.
[WOCKEN 1988, S.46]

Damit sich Kooperationspartner bewusst auf eine echte von gegenseitiger Akzeptanz geprägte dialogische Kommunikation einlassen können, sind transparent strukturierte und offene Kommunikationsstrukturen Voraussetzung. Dabei aufkommende Kommunikationsstörungen müssen den Kooperationspartnern bewusst sein bzw. gemacht werden.
[PROJEKTBERUFLICHEINTEGRATION(PBI) 1998, S.24]

„Soziale Fachkräfte [...] gewinnen oft den Eindruck, daß weniger die Adressaten der sozialen Arbeit als vielmehr Kollegen, Vorgesetzte, Anstellungsträger sowie fremde Hilfs- und Erziehungsinstitutionen die eigentlichen Probleme produzieren."

[BIERMANN 1992, S.232]
Kooperation muss vielmehr als lebendiges Element zwischenmenschlicher Kommunikation durch Impulse und Dynamiken alle Beteiligten erreichen, von der steigenden Notwendigkeit enger Zusammenarbeit überzeugen und deutlich machen, dass „Einzelkämpfertum eine ganzheitliche Förderung von Menschen mit Behinderungen blockiert."
[PROJEKTBERUFLICHEINTEGRATION(PBI) 1998, S.18]

3.6.3 Das Kooperationsfeld berufliche Rehabilitation und Integration

LEWIN[84] hat in seiner Feldtheorie[85] grundlegende Erkenntnisse zur Verdeutlichung konkreter Lebenssituationen in einem vom Individuum wahrgenommenen Lebensfeld gebracht.

„Der jeweilige *Lebensraum*[86] des Individuums wird von LEWIN als ein *Lebensfeld* beschrieben, in dem sich Kräfte entwickeln und aufeinander einwirken."

[BÜHLER 1962, S.99, Hervorh.im Orig.]
Das Verhalten eines Menschen wird nach LEWIN durch den Lebensraum[87] bestimmt.

Um das Handeln einer Personen verständlich zu machen, muss daher der gesamte sie betreffende Lebensraum analysiert werden.
[PROJEKTBERUFLICHEINTEGRATION(PBI) 1998, S.25]

Dieser könnte beispielsweise für einen Schüler mit geistiger Beeinträchtigung verschiedene Umweltbereiche (z.B. Schule, Familie, Freunde, Nachbarn, Freizeit, medizinischer Dienst, gemeinsames Umfeld) miteinschließen, die für das Individuum frei zugänglich aber zugleich auch Grenze des Wahrnehmungshorizonts sein können [vgl. ebd.].

In wie weit Menschen mit Beeinträchtigungen diesen Lebensraum für sich frei agierend einnehmen können, hängt von den Bedingungen des Lebensraumes ab [vgl. ebd.].

In Anwendung des Normalisierungsprinzips sollte daher jedem Menschen mit geistiger Beeinträchtigung ein maximales Maß an freiem Zugang ermöglicht werden, um „ein Leben so normal wie möglich" zu führen.
[PROJEKTBERUFLICHEINTEGRATION(PBI) 1998, S.26]

---

[84]LEWIN unterscheidet das Lebensfeld eines Kindes von dem des Erwachsenen. Die Mannigfaltigkeit des Verhaltens eines Kindes wächst mit der Entwicklung, mit ihr vergrößert sich das Lebensfeld, siehe dazu [DUHM 1958, S.227].

[85]in Anwendung des physikalischen Feldbegriffes [PROJEKTBERUFLICHEINTEGRATION(PBI) 1998, S.24].

[86]Der Begriff *Lebensraum* beinhaltet ein *Lebensfeld* zu einem bestimmten *Zeitpunkt* [PROJEKTBERUFLICHEINTEGRATION(PBI) 1998, S.24f].

[87]Der Lebensraum wird bestimmt durch Person und Umwelt [PROJEKTBERUFLICHEINTEGRATION(PBI) 1998, S.25].

Die berufswahlvorbereitende Lebensphase sowie der Einstieg in das Berufsleben stellen Anforderungen an den Berufsanwärter mit geistiger Beeinträchtigung. Der Berufsaspirant muss den vertrauten Lebensraum zumindest teilweise verlassen. Er muss sich neue Lebensbereiche, wie z.B. Arbeitsverwaltung, Arbeits- ,bzw. Praktikumsplatz in der freien Wirtschaft oder im Berufsbildungsbereich einer WfbM, Berufsschule sowie u.U. Wohnheim oder Betreutes Wohnen erschließen [vgl. ebd.].

Dabei ist der Mensch mit geistiger Beeinträchtigung auf konzertierte Unterstützung der Dienste und Organisationen im Feld der beruflichen Rehabilitation angewiesen, um eine berufliche Integration zu erreichen.
[PROJEKTBERUFLICHEINTEGRATION(PBI) 1998, S.27]

Im gesamten Kooperationsfeld der beruflichen Rehabilitation und Integration muss daher die aktive Kooperation der Repräsentanten der bisherigen Lebensbereiche eines Menschen mit geistiger Beeinträchtigung mit denen der Organisationen und Dienste der Rehabilitation vorangetrieben werden. Das bedeutet im Detail:

- eine zielgerechte Einbeziehung des „relevanten sozialen Umfeldes"

- Information aller Beteiligten

- Ermittlung von realistischen Zukunftsperspektiven

- Erarbeitung gemeinsamer Ziele

- optimale Anregung in einer entsprechend gegliederten Infrastruktur

- personelle und konzeptionelle Beständigkeit

- fortdauernde Rückfallprophylaxe

[JACOBS 1998, S.372]

Zentrales „Teilsystem" im System berufliche Rehabilitation bzw. Integration ist der Mensch mit Beeinträchtigung, der als Subjekt des Prozesses aktiv beteiligt sein muss, dessen Wohlergehen als Ziel und Richtschnur aller Aktivitäten nicht aus den Augen verloren werden darf.
[PROJEKTBERUFLICHEINTEGRATION(PBI) 1998, S.48].

3.6.4 Formen von Kooperation

3.6.4.1 Interdisziplinäre Aspekte

WÖHRL unterscheidet sechs unterschiedliche Kooperationsformen im Feld der beruflichen Qualifikation und Integration, die sich an Intergration von Leistung, Stellenwert von Abstimmungsmerkmalen und Umfang der Mitwirkung des Rehabilitanten orientieren. (WÖHRL 1998, S.225ff
in: [PROJEKTBERUFLICHEINTEGRATION(PBI) 1998, S.28ff])

1. Konsultative Kooperation

2. Berufsstrukturell geregelte Kooperation

3. Konzeptionsgeregelte Kooperation

4. Zuarbeitende Kooperation

5. Teamartige Kooperation

6. Partizipative Kooperation

[vgl. ebd].[88]
Um den bedeutenden Aspekt des interpersonalen Zusammenwirkens zwischen allen an Kooperation beteiligten Personen zu berücksichtigen, werden im Nachfolgenden die personalen Aspekte von Kooperation betrachtet.

3.6.4.2 Personale Aspekte

Langfristig erfolgreiche Kooperation erfordert individuelle Kooperationsfähigkeit, die als „Ergebnis von Sozialisation, Erziehung (und) Lernen" bezeichnet werden kann (vgl. PENNÈ 1995, S. 276)
in:[PROJEKTBERUFLICHEINTEGRATION(PBI) 1998, S.31].

---
[88]Eine detaillierte Ausführung dazu gibt: [PROJEKTBERUFLICHEINTEGRATION(PBI) 1998, S.27-31].

Zur Analyse von kooperativem Handeln lassen sich als „personale Seite des Kooperationsvorganges" [ebd., S.32] drei Ebenen von Kooperation herausarbeiten:

1. Die persönliche (oder affektiv-emotionale) Ebene:

   Permanente Beobachtung der beruflichen Tätigkeit von an Kooperation beteiligten „Teamworkern" bringt mit sich, dass ihre persönliche Rollenidentifikation hinterfragt wird, sie mögliche Kritik aushalten oder sich mit anderen Betrachtungsweisen auseinandersetzen müssen.

2. Die kommunikative Ebene:

   Immer wenn Menschen im Sinne einer kollektiven Zielfindung kommunizieren, ist das Element des „Zwischenmenschlichen" von hoher Bedeutung. [PROJEKTBERUFLICHEINTEGRATION(PBI) 1998, S.33]

   BUBER bezeichnet in seinen Schriften über das dialogische Prinzip (1954)[89]

   „die erschließende Funktion zwischen den Menschen, (als) die Hilfe zum Werden des Menschen als Selbst [...] Erst in zwei Menschen, von denen jeder, wenn er den anderen meint, zugleich das Höchste meint, das eben diesem zubestimmt ist, und der Erfüllung der Bestimmung dient, ohne dem anderen etwas von der eigenen Realisierung auferlegen zu wollen, stellt sich die dynamische Herrlichkeit des Menschenwesens leibhaft dar."

   (BUBER 1954, S.278)
   in:[PROJEKTBERUFLICHEINTEGRATION(PBI) 1998, S.33].

---

[89]„Beziehung" ist gegenseitig. „Mein Du wirkt an mir, wie ich an ihm; der Mensch wird am Du zum ich.[...] Der Mensch kann zur Natur, zum Mitmenschen und zur geistigen Weseneinheiten in Ich-Du Beziehungen treten."[SCHISCHKOFF 1982, S.86]

3. Die sachbezogene Ebene:

Auf der Sachebene können normativ-didaktische Probleme entstehen. Differenzen in Motivation, Ausbildung, Erfahrung, Fokus der Arbeit bei an Kooperation beteiligten Profesionellen führen zu unterschiedlichen Handlungsmethoden. Die wiederum Aufschluss über den pädagogischen bzw. arbeitspädagogischen Umgang mit dem Menschen mit geistiger Beeinträchtigung geben können.
[PROJEKTBERUFLICHEINTEGRATION(PBI) 1998, S.34]

Explosion des Fachwissens und Barrieren durch Fachsprache führen zu Kommunikationsstörungen, die Kooperation erschweren. Die zunehmende Verrechtlichung im Sinne einer verwaltungsmäßigen Fixierung steuert zusätzliche Hemmnisse bei.
[PROJEKTBERUFLICHEINTEGRATION(PBI) 1998, S.35]

„Erfolgreiche Kooperation ist gegeben, wenn auf allen drei Ebenen Interaktionen ohne Konflikte möglich sind, wenn enstehende Konflikte gelöst, reduziert oder ausgehalten werden können und ein gemeinsames Ziel erreicht wird" (PENNÉ 1995, S. 276)
in: [PROJEKTBERUFLICHEINTEGRATION(PBI) 1998, S.32].

3.6.5 Bedingungen einer verbesserten Kooperation

Nach Ausführungen der Projektgruppe Berufliche Integration sind unter Berücksichtigung der Einflussfaktoren zwischenmenschlicher Kommunikation fünf Bedingungen für effektive Kommunikation entscheidend.
[PROJEKTBERUFLICHEINTEGRATION(PBI) 1998, S.36ff]

- Ein ausgewogenes Verhältnis zwischen Autonomie und Zusammenarbeit der Kooperationspartner.

- Ein ausgewogenes Verhältnis zwischen dem Anspruch auf Gleichberechtigung sowie der gleichzeitigen Akzeptanz zur notwendiger Führung.[90]

- Ein ausgewogenes Verhältnis zwischen Vertrauen und Kontrolle der Einlösung äquivalenter Leistungen.

- Ein ausgewogenes Verhältnis zwischen der Beziehungs- und der Sachorientierung.

- Ein ausgewogenes Verhältnis zwischen Verbindlichkeit und Spontanität von Kontakten.

[PROJEKTBERUFLICHEINTEGRATION(PBI) 1998, S.38]

Zu diesem Themenkomplex ist schließlich noch anzumerken, dass neben gesellschaftlichen Rahmenbedingungen auch institutionell-interne Voraussetzungen Kooperation fördern oder hemmen können.
[PROJEKTBERUFLICHEINTEGRATION(PBI) 1998, S.40]

---

[90]Dieser scheinbarer Widerspruch lässt sich durch einen kooperativer Führungsstil, der von Echtheit, Akzeptanz und Kongruenz geprägt ist, lösen.
[PROJEKTBERUFLICHEINTEGRATION(PBI) 1998, S.37]

3.6.6 Vernetzung - Begriffsklärung, Ziele und Inhalte

Vernetzung kann mit SPECK als interdisziplinärer Austausch und als Verdichtung der Zusammenarbeit unterschiedlicher koexistenter Teilsysteme verstanden werden [SPECK 1998, S.533].

Interdisziplinärer Austausch und Kooperation verschiedener Fachgebiete kann man als „strukturelle Koppelung" ko-existierender Teilsysteme verstehen, die eine differenzierende Erweiterung des Systems möglich macht, ohne, dass dabei die eigene Identität aufzugeben ist. (MATURANA / VARELA 1987, S.85) in: [PROJEKTBERUFLICHEINTEGRATION(PBI) 1998, S.48].

Eine Vernetzung, die tragfähig ist, um Menschen mit geistigen Beeinträchtigungen umfassend zu qualifizieren darüber dauerhaft auf dem allgemeinen Arbeitsmarkt und in die Gesellschaft zu integrieren, kann erst entstehen, wenn alle involvierten Teilsysteme dauerhaft miteinander kooperieren.
[PROJEKTBERUFLICHEINTEGRATION(PBI) 1998, S.48]

Umfassende Vernetzung ist nur realisierbar, wenn sich die einzelnen Teilsysteme[91] über mögliche Kommunikationsstörungen bewusst sind.

Um dieses zu erreichen muss mit JACOBS: „[...] das Verständnis von beruflicher Integration als eine kooperative und vernetzende Aufgabe aller Institutionen und Personen verinnerlicht werden."
[JACOBS 1998, S.373]

---

[91] SPECK benennt in: GEISTIGE BEHINDERUNG Nr.3/89, S.160ff, folgende zu sozialer Integration (interdepenten) Faktoren: *Erziehung, Beschäftigung, wirtschaftliche Entwicklung, städt. Infrastruktur, Wohnungen, Bevölkerung, Energie, Rohstoffe, Umwelt, Wasserversorgung, Gesundheit, Ernährung.*

Kapitel 4

Berufliche Qualifizierung und Integration von Menschen mit geistigen Beeinträchtigungen unter dem Aspekt von Kooperation und Vernetzung – Ideen, Impulse, Maßnahmen und Strategien aufgezeigt am Beispiel der Region Südhessen

4.1 Berufliche Qualifikation in Südhessen für Menschen mit geistigen Beeinträchtigungen

[1] Berufliche Qualifikation beginnt für Menschen mit geistigen Beeinträchtigungen in der Region Südhessen zumeist in der Haupt- und Werkstufe einer Schule für Praktisch Bildbare[2], denn gemeinsamer Sekundarstufenunterricht von Schülern mit und ohne Beeinträchtigungen findet dort bislang ausschließlich in einzelnen Modellversuchen statt.[3]

Im Einzugsgebiet Bergstraße, Odenwald, Ried und angegrenzenden Gemeinden Nordbadens [4] werden daher Menschen mit geistigen Beeinträchtigungen nach Feststellung eines sonderpädagogischen Förderbedarfs *geistige Entwicklung* vom zuständigen staatlichen Schulamt i.d.R. an die Schule für Praktisch Bildbare in Bensheim[5] verwiesen.

Dort werden z.Zt. 42 SchülerInnen mit geistigen Beeinträchtigungen von fünf KlassenlehrerInnen, einer Fachlehrerin, zwei ErzieherInnen, einem Arbeitserzieher und zwei ReferendarInnen sowie zwei Zivildienstleistenden unterrichtet und betreut.[6]

---

[1]bei der Recherche zu dieser Arbeit wurden Informationsmaterial und Veröffentlichungen der Rehabilitationsträger herangezogen. Der Verfasser führte Gespräche u.a. mit

- der Leiterin der Haupt- und Werkstufe sowie dem Rektor einer Schule für Praktisch Bildbare in der Region,

- der Leitung einer Schule für Lernhilfe im Einzugsgebiet Südhessen,

- der Leitung des Berufsbildungsbereiches sowie der Leitung des sozialen Dienstes einer WfbM mit Einzugsgebiet Bergstraße, Ried, Odenwald, Nordbaden,

- dem für den Unterricht für Schüler aus der WfbM verantwortlichen Abteilungsleiter einer Berufsschule in der Region,

- der regional zuständigen Rehaberatung beim Arbeitsamt,

- einem Mitarbeiter des Integrationsfachdienstes in Darmstadt,

- dem Vorsitzenden sowie der stellvertretenden Vorsitzenden der *Lebenshilfe für geistig Behinderte e.V.* Bensheim.

[2]Die Werkstufe der Schule für Praktisch Bildbare ist ausführlich im Kapitel 2.3 dieser Arbeit beschrieben.
[3]Einzelne Modellversuche zu gemeinsamem Unterricht in der Sekundarstufe wurden bisher u.a. in Bensheim und Lampertheim durchgeführt.
[4]Schulverwaltungstechnisch gehören einige Gemeinden dieser Region zum Kreis Bergstraße.
[5]Weitere Schulen für Praktisch Bildbare befinden sich in Darmstadt, Darmstadt-Land, im Mühltal sowie im Ried.
[6]Informationen stammen aus einem Gespräch mit der Schulleitung am 10.12.2001

4.1. BERUFLICHE QUALIFIKATION IN SÜDHESSEN...

Während der drei- bis fünfjährigen Werkstufenbesuchsdauer absolvieren die Schüler vorwiegend in den beiden letzten Schuljahren mehrere i.d.R. vierwöchige Praktika.[7]

Die Praktika werden in verschiedenen Arbeitsgruppen des Produktionsbereiches einer nahegelegenen Werkstatt für behinderte Menschen der Behindertenhilfe Bergstraße e.V.[8] durchgeführt. Die Schüler bleiben im gesamten Verlauf des Praktikums innerhalb eines Arbeitsbereiches, wenn möglich sogar in der selben Gruppe .[9]

Zeitpunkt und Dauer der Praktika sowie die Anzahl der Praktikanten werden in einem gemeinsamen Gespräch von Werkstufenleitung der Schule für Praktisch Bildbare und Leitung des sozialen Dienstes der WfbM festgelegt. Dabei werden Modalitäten einer eventuell angebrachten zusätzlichen Betreuung durch einen Zivildienstleistenden der Schule besprochen.[10]

In den Abschlussklassen der Haupt- und Werkstufe bietet die Rehaberaterin des örtlichen Arbeitsamtes[11] eine zweistündige Berufsberatung für alle Schulabgänger an.[12] Dieser Gruppenberatung schließt sich nach einigen Wochen eine Einzelberatung in den Räumen des Arbeitsamtes an. Dort werden Menschen mit geistigen Beeinträchtigungen zusammen mit Eltern oder ihren Betreuern über das Angebot zur Berufsausbildung, bzw. Berufsfindung / Arbeitserprobung des Arbeitsamtes informiert.
[BUNDESMINISTERIUMFÜRARBEITUNDSOZIALORDNUNG 2000b, S.62]

In den letzten fünf Jahren wurden, bei durchschnittlich sieben Schulabgängern jährlich, fünf Schulabsolventen durch das Arbeitsamt in einen F 2-Förderlehrgang[13] vermittelt. Gesicherte Angaben über ein anschließendes Arbeitsverhältnis dieser Berufsaspiranten liegen leider nicht vor.

---

[7] Nach Aussage der Leiterin der Haupt- und Werkstufe im Gespräch vom 10.12.2001
[8] In Bensheim gibt es neben der WfbM der Behindertenhilfe Bergstraße e.V. eine zweite WfbM, die „Bensheimer Werkstätten", sie bieten Menschen mit psychischer Erkrankung und seelischer Behinderung ein geschütztes Arbeitsumfeld mit unterschiedlichen Tätigkeiten."
[INSTITUTDERDEUTSCHENWIRTSCHAFTKÖLN(HRSG.) 2001]
[9] Angaben aus einem Gespräch mit der Leitung des sozialen Dienstes der WfbM vom 10.12.2001
[10] Angaben s.o.
[11] Zu Arbeitsamt siehe Abschnitt 3.4.
[12] Angaben s.o, bzw. aus einem Gespräch mit der Rehaberatung des Arbeitsamts am 21.12.2001.
[13] Schulabgängerinnen wurden in den Lehrgang zur Berufsvorbereitung des Haus MIRJAM in Schöllkrippen vermittelt. Männliche Absolventen besuchten Lehrgänge der Berufsbildungsstätte HIMMELTHAL (Angaben aus s.o.).

4.1. BERUFLICHE QUALIFIKATION IN SÜDHESSEN...

Über 90% der jungen berufssuchenden Menschen mit geistigen Beeinträchtigungen mussten demnach als einzig möglichen Ort der Berufsfindung und Qualifikation in dieser Region eine örtliche Werkstatt für behinderte Menschen akzeptieren. Dieses bestätigt sich in den Aufnahmezahlen des dortigen Berufsbildungsbereiches.[14]

Nach dem in der WfbM durchgeführten Eingangsverfahren[15] werden bis auf einzelne Ausnahmen alle Berufsanwärter in den Berufsbildungsbereich[16] überwiesen. Dort erhalten z.Zt. 20[17] junge Menschen mit geistigen Beeinträchtigungen bei zwei Gruppenleitern und einer Praktikantin ein zweijähriges Arbeitstraining.[18]

Im Rahmen der Leistung Berufsbildungsbereich erhalten die Teilnehmer einmal wöchentlich einen vierstündigen Berufsschulunterricht. Etwa die Hälfte der Qualifikanten im Berufsbildungsbereich wird dabei in Fachunterrichtsräumen der Beruflichen Schule unterricht. Den anderen Teilnehmern bietet die Berufsschule ein mehrstündiges Unterrichtsangebot in speziellen Räumen der WfbM.[19]

Im zweiten Jahr des Berufsbildungsbereiches[20] vermitteln die Gruppenleiter im Berufsbildungsbereich jeden Teilnehmer in mindestens zwei vierwöchige Praktika in Gruppen des Arbeitsbereiches der Werkstatt für behinderte Menschen.[21] Nach Ablauf der Maßnahme im Berufsbildungsbereich werden die jungen Menschen mit geistigen Beeinträchtigungen in den Arbeitsbereich der Werkstatt übernommen.

---

[14]Die WfbM nahm nach eigenen Angaben in den letzten fünf Jahren etwa vierzig Neuzugänge auf, die fast ausnahmslos aus der Schule für Praktisch Bildbare stammen (aus einem Gespräch mit der Leitung des sozialen Dienstes vom 10.12.2001).

[15]Siehe dazu § 3 Werkstättenverordnung im Anhang.

[16]Zu Berufsbildungsbereich der WfbM siehe auch Abschnitt 3.3.1.

[17]Angaben der Gruppenleiter im Berufsbildungsbereich, bzw. des sozialen Dienstes der WfbM. Der in der Werkstättenverordnung vorgegebene Personalschlüssel im BBB ist 1 : 6.

[18]Zu Berufsbildungsbereich siehe auch § 4 Werkstättenverordnung im Anhang.

[19]Angaben aus dem Gespräch mit dem Abteilungsleiter der beruflichen Schule für den Unterricht an der WfbM vom 06.12.2001

[20]I.d.R nach einem Jahr entscheidet der Fachausschuss, ob ein zweites Jahr im Berufsbildungsbereich die Leistungsfähigkeit des Teilnehmers steigern oder wiederherstellen kann. Die maximale Förderdauer im Berufsbildungsbereich beträgt zwei Jahre. Siehe dazu Werkstättenverordnung im Anhang.

[21]Angaben der Gruppenleitung im Berufsbildungsbereich im Gespräch am 03.12.2001

Die WfbM der Behindertenhilfe Bergstraße e.V. in Bensheim[22] bietet Arbeitsplätze (bzw. Tätigkeitsfelder) in folgenden Bereichen:

- **Metall**: Bohren, Drehen, Fräsen, Gewindeschneiden, Pressen, Sägen, Senken, Stanzen, Metallmontage, CNC-Fräsen;

- **Elektromontage**: Kabelarbeiten, Kabelkonfektionierung, Leiterplatten bestücken, Löten, Punktschweißen;

- **Holz**: Bohren, Fräsen, Hobeln;

- **Holzverarbeitung**: Leimen, Sägen, Kistenfertigung, Palettenherstellung, Bilderrahmenfertigung;

- **Kunststoff und Gummi**: Bohren, Fräsen;

- **Druck und Grafik**: Folienheißprägedruck;

- **Garten- und Landschaftspflege**: Friedhofspflege, Gartenpflege, Landschaftsbau;

- **Bereich Recycling**: Demontagearbeiten;

- **Verpackung und Versand**: Folienschweißen, Konfektionieren, Massenversand, Sortier-, Wiege- und Zählarbeiten, Verpacken;

- **EDV-, Büro und Verwaltung**: Mailing und Versandarbeiten, Serienbriefe;

- **Hauswirtschaft**: Heißmangel, Wäscherei;

- **Möbel**: Kniestühle, Bilderrahmen;

- **Gartenbedarf und Gärtnereiprodukte**: Nistkästen, Vogelfutterhäuschen;

- **Haushalt**: Kisten/Kästen (Weinkisten/Präsentkisten), Frühstücksbretter, Teigbretter;

- **Spielzeug/Sportartikel**: Schaukelpferde.

[INSTITUTDERDEUTSCHENWIRTSCHAFTKÖLN(HRSG.) 2001][23]

---

[22] dieser Verein führt zusätzlich eine kleinere WfbM in Fürth mit eingeschränktem Arbeitsangebot.
[23] Zur Suche in REHADAT eingegebene Begriffe: *Werkstatt, Bensheim*

4.1. BERUFLICHE QUALIFIKATION IN SÜDHESSEN... 123

Einmal im Arbeitsbereich der WfbM angekommen, bleibt die Werkstatt für die meisten Menschen mit geistigen Beeinträchtigungen der einzig verfügbare Arbeitsplatz. Dieses belegt die geringe Anzahl von gerade vier Außenarbeitsplätzen bei über 240 Angestellten mit Beeinträchtigungen.[24]

Eine dem Hessischen Konzeptionspapier entsprechende Fachkraft für Außenarbeitsplätze ist in dieser Werkstatt für behinderte Menschen nicht eingerichet.

Der in Darmstadt im Rahmen eines dreijährigen Modellprojektes eingerichtete Integrationsfachdienst[25] arbeitet zwar auch in dieser Region, wurde aber bislang für Schüler oder jugendliche Arbeitsaspiranten mit geistigen Beeinträchtigungen dort noch nicht tätig.[26]

---

[24]Zahlenangabe des sozialen Dienstes vom 10.12.2001.
[25]Träger des IFD ist das Bildungswerk der Hessischen Wirtschaft e.V.
[26]Angaben aus einem Gespräch mit einem Mitarbeiter des Integrationsfachdienstes am 20.12.2001

4.2 Kooperation und Vernetzung im Prozess beruflicher Qualifikation und Integration in der Region Südhessen

In der vorangegangen Schilderung des Verlaufs beruflicher Qualifikation für Menschen mit geistigen Beeinträchtigungen in der Region Südhessen wird deutlich:

- Alle am beruflichen Qualifikation- und Integrationsprozess beteiligten Institutionen arbeiten ausschließlich nach jeweils eigenen Richtlinien mit entsprechenden Zielen und Vorgaben.

- Kooperation findet nur punktuell zwischen jeweils zwei Institutionen bei einem unmittelbaren Übergang der jungen Menschen von einer in die nächste Einrichtung der beruflichen Qualifikation und Integration statt. Diese Zusammenarbeit entsteht meist durch persönlich Kontakte. Sie bleibt auf einer interpersonalen Ebene. Kooperation besteht hierbei aus i.d.R. unverbindlichen Absprachen.

- Eine Vernetzung punktueller Zusammenarbeit ist bisher nicht absehbar.

- Öffnungsbemühungen einzelner Institutionen schließen bislang andere Einrichtungen nicht mit ein.

- Alle am beruflichen Qualifikationsprozess unmittelbar beteiligten Professionellen stehen Kooperation und Vernetzung positiv gegenüber. Aus Zeitmangel und bestehender Überlastung sehen sich viele Beteiligte außerstande, Zusammenarbeit zu suchen oder anzubieten.

- Die Situation der beruflichen Qualifizierung und Integration von Menschen mit geistigen Beeinträchtigungen ist für die Klientel in der Region Südhessen unbefriedigend.

4.3 Ideen, Impulse, Maßnahmen und Strategien für die Region Südhessen

Auf Grund eines anthropologischen Paradigmenwechsels, einem sich verändernden Begriffes von Behinderung und der zunehmenden Durchsetzung des Normalisierungsprinzips lassen sich Entwicklungslinien ausmachen, die Alternativen für Menschen mit Beeinträchtigungen zur bisherigen „abzweiglosen Einbahnstraße" von der Schule in den Sonderarbeitsmarkt darstellen.
[HINZ 1997, S.1]

Ideen und Konzepte zur Realisierung sind in den letzten Jahren besonders auch in Hessen hinreichend entwickelt und umgesetzt worden. Hierbei sind vor allem das Hessische Konzeptionspapier und das Projekt Berufliche Integration von Menschen mit Behinderungen (PBI)[27] zu nennen.

Vorbildliche Beispiele innovativer Konzepte beruflicher Qualifikation und Integration von Menschen mit geistigen Beeinträchtigungen gibt u.a. die BUNDESVEREINIGUNG LEBENSHILFE e.V. mit ihrem Qualifizierungskonzept der nach § 48 BBiG oder § 42 HwO anerkannten beruflichen Ausbildung.

Weitere Chancen für diese Personengruppe finden sich auch in Hessen u.a. beispielsweise im Detmolder Lernwegemodell[28] beruflicher Qualifizierung oder in der Berufsbildorientierten Ausbildung in den Lahn-Werkstätten in Marburg.[29]

---

[27] siehe dazu Abschnitt 3.2.
[28] Zum Detmolder Lernwegemodell siehe Abschnitt 3.3.1.
[29] Im dort praktizierten Konzept des Systemisch-strukturgeleiteten Lernens steht aktives und bewusstes Handeln im Mittelpunkt des Lernens. Lernen wird gesehen als ein komplexes System, das aus Lerninhalt, lernender Person, unterweisender Person und Lernumfeld besteht [GRAMPP 1997, S.2f].

4.3.1 „Runder Tisch" der Region

Für die Region Südhessen bedeutet das zunächst einmal konkrete Vorbereitung, Planung und Einführung eines „Runden Tisches."[30]

Schrittweise können von einem Ausgangsbündniss z.b. zwischen Werkstufe der Schule für Praktisch Bildbare und dem Berufsbildungsbereich der Werkstatt für behinderte Menschen Formen der Zusammenarbeit entstehen, die durch eine Ausweitung der Kooperation zu einer Vernetzung führen.
[PROJEKTBERUFLICHEINTEGRATION(PBI) 1995, S.41ff]

Ziel der Zusammenarbeit zwischen Werkstufe und Berufsbildungsbereich muss die Entwicklung und Realisierung eines gemeinsamen Qualifizierungskonzeptes auf der Basis individueller Förderpläne sein. Wichtiger Kooperationspartner für eine berufliche Qualifizierung ist dabei die Berufsschule, „denn alle müssen am gleichen Strang ziehen."
[PROJEKTBERUFLICHEINTEGRATION(PBI) 1995, S.39f]

Die nötigen Impulse müssen von den beteiligten Institutionen ausgehen. Hierzu kann die WfbM die nötige Initiative ergreifen, ihr kommt bei Qualifikation, Rehabilitation und Integration von Menschen mit geistigen Beinträchtigungen eine zentrale Position zu.

Der soziale Dienst der WfbM, die Gruppenleiter im Berufsbildungsbereich und falls vorhanden die Fachkraft für berufliche Integration bilden eine Kooperationsbasis, die zunächst die Zusammenarbeit mit der Werkstufe der Schule für Praktisch Bildbare suchen muss.

Auch die Schule für Praktisch Bildbare hat den originären Auftrag, sich zu öffnen und mit allen Instanzen zusammen zu arbeiten, damit möglichst viele ihrer Schulabgänger beruflich und sozial vollständig integriert werden können.

Die Berufliche Schule muss hierbei mehr als nur „Arbeitsbegleitung" werden. Sie kann als Partner von Sonderschule und Werkstatt Förderpläne mit eigenem Qualifizierungsangebot ergänzen und durch Öffnung andere Kooperationspartner einbinden.

Kooperationsbemühungen können zusätzlich sinnvollerweise durch externe Beteiligung z.B. eines Integrationsfachdienstes[31] unterstützt und von neutraler Seite beraten werden.

---

[30] Die „Runden Tische" in der Region siehe Abschnitt 3.4.4.
[31] Mit Jahreswechsel nahm neben dem bestehenden IFD in Darmstadt ein Integrationsfachdienst in Bensheim seine Arbeit auf.

4.3.2 Kooperation und Vernetzung in Südhessen

Ein etablierter „Runder Tisch" kann sich durch Kooperation unter Einbeziehung weiterer Institutionen wie dem Integrationsfachdienst, Arbeitsamt, Integrationsamt, Bildungsträger, Psychosozialer Dienste, Arbeitgeberverbände und Vertretern der Kammern sowie der öffentlichen Hand und anderen engagierten Initiativen zu einem dicht gewebten Netzwerk zur beruflichen Qualfizierung und Integration von Menschen mit geistigen Beeinträchtigungen entwickeln.
[PROJEKTBERUFLICHEINTEGRATION(PBI) 1995, S.43]

Kreative Energien müssen stärker als bisher genutzt und vernetzt werden, sodass alle Beteiligten davon profitieren [vgl. ebd.].

Bisherige Modellversuche[32] machen deutlich, dass berufliche Integration für Menschen mit geistigen Beeinträchtigungen auch in Hessen möglich ist. Bisher lagen jedoch die regionalen Arbeitsschwerpunkte außerhalb Südhessens.[33]

Wie Kooperation und Vernetzung in der modernen Informationsgesellschaft erreicht werden können und wie der Übergang von Schule in die Arbeitswelt zum Wohle junger Menschen mit Beeinträchtigungen erleichtert werden kann, soll als zukunftsszenarischer Ideenkatalog zur verbesserten Ausgestaltung von beruflichen Qualifizierungs- und Integrationsprozessen für Menschen mit geistigen Beeinträchtigungen zum Abschluss thesenhaft ausgeführt werden.

---

[32] vom HKP über das PBI bis zur AG BBD [JACOBS 1999b, S.45ff]
[33] Im Rahmen des gerade ausgelaufenen *Projektes zur Qualifizierung von Jugendlichen mit Behinderung* (eines Gemeinschaftsprojektes von hessischem Sozialministerium, Landesarbeitsamt Hessen und der LAG Gemeinsam leben - gemeinsam lernen) erhielten lediglich drei junge Menschen aus der Region Südhessen/Odenwald eine Möglichkeit zu beruflicher Qualifikation außerhalb der WfbM [SCHOLDEI-KLIE 2000, S.24f].

Kapitel 5

Vorschläge und Forderungen zur optimalen Ausgestaltung der einzelnen Phasen und Lernorte beruflicher Qualifizierung und Integration für Menschen mit geistigen Beeinträchtigungen – als Fazit thesenhaft formuliert.

Basis aller Bemühungen ist unabdingbar die Herausbildung eines egalisierenden Menschenbildes, das den Menschen mit geistiger Beeinträchtigung als lebenslang lern- und entwicklungsfähige Persönlichkeit sieht.

- Der Mensch mit Beeinträchtigung ist deshalb nicht als Objekt pädagogischer Maßnahmen zu sehen, sondern muss als Subjekt im Zentrum des Rehabilitationsprozess stehen.

- Infolgedessen müssen sich alle Handlungen konsequent an den Bedürfnissen und Vorstellungen des Menschen mit Beeinträchtigungen orientieren.

Zu einer Verbesserung der beruflichen Qualifizierungs- und Integrationsmöglichkeiten von Berufsanwärtern mit geistiger Beeinträchtigung ist eine differenzierte Abstimmung der individuellen Fähigkeiten mit bestehenden oder zu schaffenden beruflichen Möglichkeiten unabdingbar.

- **Alle** beteiligten Institutionen müssen daher beim Übergang von Schule bzw. Werkstatt für behinderte Menschen in die Arbeitswelt zusammenarbeiten, um eine zielgerichtete, dauerhafte und an die Bedürfnisse und Fähigkeiten des Menschen mit geistiger Beeinträchtigung angepasste berufliche Qualifizierung gewährleisten zu können.

- Der dazu dringend nötige interdisziplinäre Austausch sollte in Form eines „Runden Tisches" organisiert werden. Zur Umsetzung einer ganzheitlichen Förderung schafft dies die Möglichkeit, individuelle Förderpläne mit allen (vor allem auch mit dem Berufsanwärter) an beruflicher Qualifikation und Integration Beteiligten zu erstellen.

- Zur Ausgestaltung eines individuellen Förderplans bietet das *Detmolder-Lernwege-Modell* eine geeignete Basis. Dieses Förderinstrumentarium ist in Zielsetzung und Struktur sowohl in der Schule, Berufsbildungs-, Produktionsbereich und in Betrieben des allgemeinen Arbeitsmarktes einsetzbar. Es bietet darüberhinaus die Möglichkeit, bereits vorhandene berufliche bzw. lebenspraktische Fähigkeiten zu ermitteln, damit einen Lern- und Entwicklungsstand zu dokumentieren und somit individuelle Ansatzpunkte zur weiterführenden Förderung aufzuzeigen.

Ein Übergang aus der Werkstatt für behinderte Menschen auf den allgemeinen Arbeitsmarkt muss für Menschen mit geistiger Beeinträchtigung leichter werden.

- Die berufliche Qualifizierung sollte deshalb im Berufsbildungsbereich weitestgehend an einer anerkannten Berufsausbildung im Sinne des § 48 BBiG oder § 42 HwO orientiert sein.

  Die Bundesvereinigung Lebenshilfe e.V. zeigt in ihrer Ausbildungskonzeption, wie die Anforderungen einer Berufsausbildung auf das jeweilige Leistungsniveau abgestimmt werden können.[1]

- Die Dauer der Leistung im Berufsbildungsbereich sollte wenigstens der Ausbildungsdauer einer anerkannten Ausbildung entsprechen, d.h. auf mindestens drei Jahre verlängert werden.

  Davon ist 1 Jahr als ambulantes Praktikum zu absovieren. So erhalten Menschen mit geistigen Beeinträchtigungen die Möglichkeit, ihre Fähigkeiten und Fertigkeiten in einem „geschützten Rahmen" einer Ausbildung auf dem allgemeinen Arbeitsmarkt zu erproben.

- Menschen mit geistigen Beeinträchtigungen haben ein verbrieftes Anrecht auf lebenslange Bildung[2]. Es muss ihnen ermöglicht werden, sich gemäß ihren Fähigkeiten und Fertigkeiten weiterqualifizieren zu können.

  Dieses schließt neben einem breiten allgemeinen Bildungsangebot auch die Chance mit ein, nach Ende der Berufsbildungsleistung einen anerkannten Berufsabschluss gemäß § 48 BBiG erlangen zu können. Das hierfür zu Verfügung stehende Ausbildungsfeld ist bislang[3] zu begrenzt, daher müßten mit Unterstützung der zuständigen Kammern weitere Berufsfelder hinzukommen. Es gilt, eine Vielfalt von Möglichkeiten zur Berufsausbildung für Menschen mit geistigen Beeinträchtigungen zu etablieren.

---

[1] Siehe dazu Abschnitt 3.3.2
[2] Siehe dazu auch: [FEUSER 1998]
[3] Ein positives Beispiel ist der Lehrgang zur Großküchenhelferin in den Lahn-Werkstätten in Marburg, siehe dazu: [LAHN-WERKSTÄTTENMARBURG(HRSG.) 1997]

Hierbei kommt besonders der Berufsschule eine zentrale Rolle als ausbildungsbegleitende schulische Bildungseinrichtung zu. Sie muss mit ihrem didaktisch-methodischen Inventar zur Qualifizierung beitragen. Dass Schüler mit geistigen Beeinträchtigungen dabei durchaus zu kognitiven Lernfortschritten fähig sind, ist inzwischen hinreichend nachgewiesen.[4]

- Nur durch konsequente Qualifikation der Mitarbeiter mit Beeinträchtigung wird sich der zunehmende Zielkonflikt in den Werkstätten für behinderte Menschen entschärfen lassen. Ein hoher Qualifikationsgrad alle Mitarbeiter erhöht die Produktivität. Darüberhinaus müssen nicht mehr nur sogenannte „Leistungsträger" Gewinne erwirtschaften, sondern alle Mitarbeiter können ihren Teil dazu beisteuern. Die Werkstätten für behinderte Menschen müssen dann auch nicht mehr diese Gruppe unter allen Umständen behalten, um Aufträge zu sichern. Sondern durch Intensivierung der Vermittlungsaktivitäten kann für diese Personengruppe ein Arbeitsverhältnis außerhalb der WfbM angestrebt werden.

Die Werkstatt für behinderte Menschen soll also keineswegs abgeschafft, sondern vor einem drohenden ökonomischen Notstand, verursacht durch ständig steigende Zugangszahlen[5] bei verringerter Auftragslage und gesunkenen Gewinnspannen, bewahrt werden.

- Das Stufenmodell des Hessischen Konzeptionspapiers bietet Menschen mit geistigen Beeinträchtigungen einen „sanften" weil stufenweisen Übergang auf den allgemeinen Arbeitsmarkt. Die Fachkraft für berufliche Integration wirkt dabei als „treibende Kraft" um die „Ausgangstür der WfbM weit zu öffnen."

---

[4]Siehe dazu die hiesige Untersuchung von: [SCHWARZMÜLLER 1997]
[5]Von 1984 bis 2000 ist die Anzahl der in WfbM beschäftigten Menschen mit geistigen Beeinträchtigungen von 75.000 auf 172.000 angestiegen, siehe dazu auch:[BARLSEN 1999, S.32]

Fachkräfte, die sich ausschließlich mit der beruflichen Integration von Werkstattmitarbeitern beschäftigen und zu deren Tätigkeitsbereich auch die Zusammenarbeit mit Mitarbeitern von Integrationsfachdiensten gehört, müssen vermehrt eingestellt werden, bzw. enger in das Gesamtkonzept der Werkstatt für behinderte Menschen eingebunden werden.

- Werkstätten für behinderte Menschen müssen sich öffnen – sowohl nach innen (z.b. durch Neuorientierung der Trägerphilosophie und einer erweiterten beruflichen Qualifizierung ihrer Mitarbeiter) als auch nach außen (z.b. durch die aktiven Vermittlungsversuche einer Fachkraft für berufliche Integration). Das Werkstattpersonal muss stärker pädagogisch qualifiziert werden. Im Rahmen von verbindlichen Fortbildungsmaßnahmen müssen Gruppenleiter kontinuierlich lernen, theoretische Erkenntnisse der Heil- sowie der Berufspädagogik in die Arbeitspraxis zu übertragen. Überkommene Menschenbilder müssen abgebaut werden, das dialogische Prinzip muss Einzug in die Arbeitsgruppen halten.[6]

Durch Öffnung nach außen und Zusammenarbeit kann die WfbM für den Integrationsfachdienst eine neue Klientel erschließen. Ein bedeutendes Kooperationsfeld, das die Werkstätten für behinderte Menschen für sich besetzen müssen, da der Gesetzgeber[7] als Auftraggeber der Integrationsfachdienste lediglich die Bundesanstalt für Arbeit, sowie die Integrationsämter und weitere Rehabilitationsträger vorsieht.

- Zusammen mit den zukünftig flächendeckender arbeitenden Integrationsfachdiensten kann eine notwendige Nachbetreuung bereits vermittelter Menschen mit Beeinträchtigungen gesichert werden, um diesen berufliche und soziale Integration auf Dauer zu gewährleisten.

- Integrationsfachdienste, die z.Zt. ihre Arbeit aufnehmen, profitieren als „Neue Kraft" auf dem Arbeitsmarkt beispielsweise bei der Arbeitsplatzakquisition oder der Erstellung eines Förder- u. Qualifikationsplans von einer Zusammenarbeit mit den Werkstätten für behinderte Menschen.

Integrationsfachdienste müssen ein eigenes Profil entwickeln, damit sie unabhängig von Arbeits- u. Integrationsamt die Interessen ihrer Klientel vertreten können und nicht nur Arbeitsvermittlungshelfer sind.

---
[6]Siehe dazu zahlreiche Veröffentlichungen von GERD IBEN.
[7]Siehe § 109ff SGB IX im Anhang.

Durch offensivere Öffentlichkeitsarbeit müssen mehr Bürger auf die Dienstleistungen von Integrationsfachdiensten aufmerksam gemacht werden.

Schulische Berufsvorbereitung muss sich an beruflicher Integration orientieren. Für Schüler der Schule für Praktisch Bildbare ergeben sich durch Integrationsfachdienste völlig neue Perspektiven, die sie nützen können. Dazu müssen auch die Schulen eine Zusammenarbeit mit Integrationsfachdiensten anstreben, wie die Vermittlungserfolge der vier hessischen Integrationsfachdienste belegen.

- Umfassende schulische Berufsvorbereitung setzt eine Öffnung der Schule voraus.

- Schule sollte aktiver Bestandteil eines vernetzten Systems mit außerschulischen Partnern werden.

- Berufliche Qualifizierung muss für den jugendlichen Schüler mit geistiger Beeinträchtigung frühzeitig beginnen und sollte das soziale sowie örtliche Umfeld mit einbeziehen.

Eltern und soziales Umfeld müssen sich aktiv in Schule und Berufsqualifikation einbringen. Schule kann dafür ihrerseits ein umfassendes Angebot an familienentlastenden Möglichkeiten (beispielsweise in Betreung, Transport oder zu Verfügung Stellen von Räumlichkeiten und Ausstattung, etc.) erbringen.

Die Elternarbeit muss auch an Sonderschulen systematisch intensiviert werden. Aus der kürzlich veröffentlichten „Pisa-Studie" lässt sich nicht nur der mangelhafte Bildungsstand deutscher Schüler ablesen, sondern auch ein in Deutschland im Vergleich zu anderen an der Studie beteiligten Ländern weitgehend fehlendes Interesse der Eltern für Schule und Unterricht ihrer Kinder erkennen. Schule und Eltern dürfen sich also nicht in gegenseitigen Schuldzuweisungen versteifen. Sie sind vielmehr aufgerufen, gemeinsam diese Missstände anzugehen und in absehbarer Zukunft abzuschaffen.

In diesem Prozess sollte vor allem die Elternkompetenz, die viele Eltern in besonderen Maße für ihre Kinder mit Beeinträchtigungen entwickelt haben, anerkannt und miteinbezogen werden. [8]

Eltern müssen ihrerseits erkennen, dass für die positive persönliche Entwicklung eines Menschen mit Beeinträchtigung weitestgehende Selbstbestimmung und Selbständigkeit erforderlich ist.

---

[8] Siehe dazu besonders den Aufsatz zu diesem Thema von: [KLAUSS 2000, S.151ff]

Ein umfassendes Eltern-Beratungskonzept ist zu erstellen, damit Eltern, bzw. Betreuer nicht nur aktuell über alle Möglichkeiten der beruflichen Qualifizierung informiert sind, sondern für sie transparent wird, welche konkreten Fördermaßnahmen schon erfolgt und darüberhinaus geplant sind.

Wie die Gustav-Heinemann-Schule in Pforzheim[9] zeigt, trägt eine gute Zusammenarbeit mit Betrieben des allgemeinen Arbeitsmarktes sowie den Eltern der Schüler zum Gelingen einer erfolgreichen sozialen und beruflichen Integration bei.

Sonderschulen müssen ihren originären pädagogischen Auftrag, Schülern zur Selbstverwirklichung in sozialer Integration zu verhelfen, wirkungsvoller als bisher erfüllen.

- Voraussetzung dafür ist ein neues Selbstverständnis, die Schüler zu weitestgehender Selbständigkeit zu fördern und die Persönlichkeitswerdung der Schüler unterstützen zu wollen nach dem Leitsatz: „Hilf mir, es selber zu tun und dadurch stark und mündig zu werden."

Dabei müssen Jugendliche mit geistigen Beeinträchtigungen ebenso lernen, ihre momentanen Grenzen selbst zu erkennen und sich darüber mitzuteilen.

Soziale Schlüsselqualifikationen müssen schon in der Schule Schülern mit geistiger Beeinträchtigungen stärker vermittelt werden. Aufgabe der abgebenden Schule sollte es in diesem Zusammenhang sein, ein Zeugnis zu erstellen, in dem die bereits erworbenen Fähigkeiten und Fertigkeiten des Jugendlichen ausführlich dokumentiert sind.

Als Basis der schulischen Arbeit kommen nur offene Unterrichtsformen wie handlungsorientierter und an wirklichkeitsentsprechenden Erfahrungs- und Erprobungsfeldern orientierter Unterricht in Frage.

Die berufliche Vorbereitung sollte in Unterrichtsprojekten organisiert werden, die realitätsnah möglichst viele außerschulische Lernorte miteinbeziehen.

Das Rollenverständnis des Lehrerberufs muss sich entsprechend verändern. Lehrer müssen lernen, sich als Moderatoren zu verstehen, die koordinieren und organisieren. Sie müssen der „Bastelmeister in der Baubude Klassenzimmer" sein, stets „professionell" arbeiten und zu Kooperation fähig zu sein, denn „Kooperation fällt nicht vom Himmel."
[LÜTJE-KLOSE 1999, S.2]

---

[9]siehe dazu Abschnitt 2.3.3

Lehrer müssen für eine berufliche Integration auf den allgemeinen Arbeitsmarkt sensibilisiert werden und den Weg der beruflichen Qualifikation ihrer Schüler nicht als unumgängliche „Einbahnstraße" in die Werkstatt für behinderte Menschen sehen.

Kontinuierliche Kooperation aller Beteiligten und Verzahnung der Angebote für die berufliche Qualifikation sind unerlässlich. Dazu müssen entsprechende „Runde Tische" gebildet werden. Regionale Aktivitäten müssen sich zu weitflächig vernetzten dynamischen Systemen entwickeln. „Global denken und Lokal handeln" heißt die Devise.

Damit Kooperation mit vielen Beteiligten effektiv bleibt, sind Prozess-Koordinationskräfte zu besetzen, die Zuständigkeiten klären, Kompetenzen erteilen und dafür sorgen, dass sich alle Aktivitäten am individuellen Lebenslauf des jungen Menschen mit Beeinträchtigung orientieren.

- Besonders die Zusammenarbeit zwischen der Werkstufe der Schule für Praktisch Bildbare und der Werkstatt für behinderte Menschen muss auf-, bzw. ausgebaut werden.

- Menschen mit geistigen Beeinträchtigungen, die i.d.R. von der Schule nicht auf den allgemeinen Arbeitsmarkt wechseln können, muss eine progressive und zielgerichtete (Aus-)Bildung angeboten werden. Realistische Konzepte dafür legt u.a. die Bundesvereinigung Lebenshilfe e.V. vor.[10]

- Um die Übergangsphase Schule – Arbeitswelt langfristig zu verbessern, muss zukünftig Aufgabe der Sonderschule sein, ihren Schülern auch Praktika auf dem allgemeinen Arbeitsmarkt zu vermitteln, da sie dadurch mit den dort herrschenden Anforderungen vertraut werden.

Nur in Praktika auf dem allgemeinen Arbeitsmarkt lassen sich spezifische Fähig- und Fertigkeiten eines Berufsanwärters mit geistigen Beeinträchtigungen unter zuverlässigen Bedingungen erfahren. Mit Fähigkeitsdiagnostischen Verfahren können dabei detaillierte Erkenntnisse gewonnen werden, die wiederum in die Arbeitsplatzvermittlung miteinfließen und für eine genaue Passung zwischen Arbeitsplatzanforderungen und Qualifikation der Arbeitnehmer Voraussetzung sind.[11]

---

[10]Praxisrelevante Konzepte sind ausführlich dokumentiert in: [BUNDESVEREINIGUNGLEBENSHILFEE.V 1999]
[11]siehe dazu auch:[SCHARTMANN 1999, S.3f]

Enge Abstimmung mit Verbänden der Wirtschaft ist Voraussetzung, die Arbeitsplätze der Zukunft zu erschließen. Zum richtigen Zeitpunkt die jeweils benötigte Qualifikation zu haben, ist nötig, um in ein Arbeitsverhältnis auf dem ersten Arbeitsmarkt zu gelangen. Das gilt auch für Menschen mit Beeinträchtigungen.

Eine zukunftsorientierte, moderne und demokratische Gesellschaft muss sich auch an ihrer konsequenten Durchsetzung und Einhaltung ethischer Werte messen lassen. Dazu gehört besonders auch die volle Teilhabe aller Menschen an Gesellschaft. Zur Durchsetzung der beruflichen und sozialen Integration von Menschen mit geistigen Beeinträchtigungen sind gesellschaftliche Veränderungen nötig.

- Hierzu müssen dringend die bereits vorhandenen Selbsthilfeverbände stärker in Kooperation und Vernetzung eingebunden, personell verstärkt und zu „schlagkräftigen" Lobbyverbänden weiterentwickelt werden.

- Es sei hier nur am Rande bemerkt, da es im Rahmen dieser Arbeit nicht thematisiert werden konnte, dass m. E. zu bezweifeln ist, ob mit dem Gesetz „zur Bekämpfung der Arbeitslosigkeit Schwerbehinderter Menschen" wirklich wie geplant bis Ende 2002[12] die Zahl der arbeitslosen „Schwerbehinderten" um 50.000 verringert werden kann.

M. E. werden auch weiterhin mehr als drei Viertel der Arbeitgeber ihre Beschäftigungsquote nicht erreichen oder gar keine Menschen mit Beeinträchtigungen einstellen wollen, sondern sich eher durch die Ausgleichsabgabe von dieser gesellschaftlichen Pflichtaufgabe freikaufen. Für die Kompensation der Mehr-Kosten haben die „global-player" und „share-holder-value Multis" von heute jedenfalls bessere Konzepte als für Ausbildung und Beschäftigung von Menschen mit Beeinträchtigungen.

Eine vielerseits geforderte Ausbildungsabgabe[13] (für unzureichend ausbildende Unternehmen) würde m. E. ähnlich wirkungslos sein und nur die Abschreibe-Kreativität der Controlling Abteilungen der Wirtschaft fördern.

---

[12]Die Pflichtquote soll ab 1.1.2003 wieder auf 6% angehoben werden, wenn bis Juni 2002 nicht die Schwerbehindertenarbeitslosigkeit im Vergleich zum Juni 1999 um 25% zurückgegangen ist. Die Höhe der Ausgleichsabgabe wird an die Bezugsgröße in der Sozialversicherung gekoppelt und damit dynamisiert, siehe dazu auch: [DOOSE 2000]

[13]Siehe dazu auch: [GEWERKSCHAFTERZIEHUNDUNDWISSENSCHAFTHAUPTVORSTAND 2000, S.26]

Eine wenn auch begrenzte Einflussnahme auf Konzerne lässt sich m. E. wirkungsvoller durch Öffentlichmachung ihrer Einstellungs- u. Ausbildungsquoten erreichen. Die Haltung der Firmen gegenüber Menschen mit Beeinträchtigungen muss zum Entscheidungsfaktor bei Auftragserteilungen werden. Hierbei ist eine möglichst einflussreiche Lobbyarbeit nötig, die wiederum vernetzte Zusammenarbeit voraussetzt.

- Neben den „klassischen Rehabilitationsträgern" (Gesetzliche Krankenkassen, Bundesanstalt für Arbeit, Träger der gesetzlichen Unfallversicherungen / -Rentenversicherungen, Träger der Kriegsopferversorgung) sind auch Sozial- und Jugendämter ihrerseits aufgerufen, weitaus aktiver als bisher in einem Netzwerk zu Förderung der beruflichen und sozialen Integration mitzuwirken. Sie müssen ihre Rolle nicht mehr als Hüter leerer Kassen sehen, sondern von sich aus Fördermaßnahmen und Informationen über Leistungsansprüche einbringen.[14]

Die Einrichtung nach dem SGB IX neu zu schaffender Servicestellen für Menschen mit Beeinträchtigungen zwingt die verschiedenen Rehabilitationsträger zu einer Zusammenarbeit bei der Ausgestaltung und Besetzung. Hierbei muss ein reger Austausch der einzelnen Träger erfolgen, Einzelangebote sind zusammenzulegen.

---

[14]Diese Forderung deckt sich mit § 6 SGB IX.

Es darf eben nicht der Fall eintreten, dass Servicestellen mit täglich wechselndem Personal von verschiedenen Trägern besetzt werden. Der Mensch mit Beeinträchtigung ist ganzheitlich mit all seinen Bedürfnissen zu sehen und lässt sich nicht in Klientelschubladen einzelner Trägerphilosophien kategorisieren.

- Zunächst sollte jeder Mensch lernen, die individuelle Eigen- und Andersartigkeit seiner Mitmenschen zu tolerieren. Mit einer Bewusstmachung diesen Gedankens kann gar nicht früh genug angefangen werden. Menschen mit und ohne Beeinträchtigungen müssen gemeinsam leben und lernen. Gemeinsamer Unterricht von Kindern und Jugendlichen mit und ohne Beeinträchtigungen kann dafür einen Rahmen bieten und sollte allen Kindern und Jugendlichen zugänglich sein.

- Alle am beruflichen Qualifizierungs- und sozialen Integrationsprozess beteiligten Personen müssen sich ihrer gemeinsamen Verantwortung für jeden Menschen mit Beeinträchtigungen bewusst sein. Sie müssen begreifen, dass sie ihren Auftrag nur in enger Zusammenarbeit erfüllen können und, dass der Weg in den allgemeinen Arbeitsmarkt für Menschen mit geistigen Beinträchtigung für alle Beteiligte ein steiler Weg ist, zu dem es dennoch keine Ausweichrouten geben darf.

„Nicht zuletzt kann postuliert werden, daß integrative Berufsorientierung - wenn auch im ‚Schneckentempo' - dazu beitragen kann, klassische Zuordnungen (im Behindertenbetreuungswesen) derart zu ‚stören' daß, im Sinn der Prozeßhaftigkeit, neue Entwicklungen möglich werden."

[VON DANIELS 1998, S.5]

Das häufig vorgebrachte Argument der hohen Kosten der beruflichen Integration von Menschen mit geistigen Beeinträchtigungen auf den allgemeinen Arbeitsmarkt ist in zahlreichen wissenschaftlichen Untersuchungen vollends entkräftet worden.[15]

- Der Gesetzgeber kann mit einer stufenweisen Erweiterung des SGB IX in ein Leistungsgesetz die Position des einzelnen Menschen mit Beeinträchtigung gegenüber Leistungsträgern, bzw. -erbringern stärken.

Viele Herausforderungen müssen noch angenommen werden bis Menschen mit Beeinträchtigungen endlich ihren gleichberechtigten Platz in unserer Gesellschaft einnehmen können. Nur durch gemeinsame Anstrengungen können über den GRABEN des Übergangs von der Schule in die Arbeitswelt BRÜCKEN[16] entstehen, die den Lebensweg von jungen Menschen mit geistigen Beeinträchtigungen sichern.

[...]
Es ist mir auch gewiß,
daß wir in der Ordnung bleiben müssen,
daß es den Austritt aus der Gesellschaft nicht gibt
und wir uns aneinander prüfen müssen.
Innerhalb der Grenzen aber haben wir den Blick
Gerichtet auf das Vollkommene, das Unmögliche,
Unerreichbare ...
Im Widerspiel des Unmöglichen mit dem
Möglichen erweitern wir unsere Möglichkeiten.

Daß wir es erzeugen,
dieses Spannungsverhältnis,
an dem wir wachsen, darauf,
meine ich, kommt es an;
daß wir uns orientieren an einem Ziel,
das freilich, wenn wir uns nähern,
sich noch einmal entfernt.

Ingeborg Bachmann, zitiert nach:
[BURTSCHER 1998, S.6]

---

[15]Untersuchungen zu diesem Thema liegen vor von: TROST/SCHÜLLER 1992, SCHÖN 1993, LWV Württemberg-Hohenzollern 1994, siehe dazu: [HORIZONARBEITSGRUPPE(HRSG.) 1999, S.197f]
[16]siehe dazu auch: [GINNOLD 2000a, S.187f]

Bibliografie

Literaturverzeichnis

[ARBEITSGRUPPE AUSSENARBEITSPLÄTZE IN HESSEN (HRSG.) 1991]
ARBEITSGRUPPE AUSSENARBEITSPLÄTZE IN HESSEN (HRSG.) (1991). *Hessiches Konzeptionspapier Zur Schaffung und Finanzierung Von Arbeits-, Ausbildungs- und Beschäftigungsplätzen Außerhalb Von Werkstätten Für Behinderte (WfB)*, Bd. 3.Aufl. Landesarbeitsgemeinschaft der Werkstätten für Behinderte in Hessen, Frankfurt a.M.

[BARLSEN 2001] BARLSEN, JÖRG (2001). *Unterstützte Beschäftigung und Integrationsfachdienste im Spiegel Empirischer Forschung*. In: BARLSEN, JÖRG; HOHMEIER, JÜRGEN, Hrsg.: *Neue Berufliche Chancen Für Menschen mit Behinderungen*, S. 39–65. Verlag Selbstbestimmtes Leben, Düsseldorf.

[BARLSEN 1999] BARLSEN, JÖRG ET AL (1999). *Projekt Integration - Integrationsbegleitung in Arbeit und Beruf Für Schwerbehinderte Mit Geistigen Einschränkungen*. Landschaftsverband Westfalen-Lippe, Münster, 2. Aufl. Abschlussbericht des Projektes Integration.

[BARTZ 1999] BARTZ, ELKE (1999). *Der Stellenwert Von Arbeitsassistenz Für Menschen mit Behinderungen.*. impulse, Nr. 11/ Jan. 99. Wiederveröffentlichung im Internet. URL: http://bidok.uibk.ac.at/texte/imp11-99-stellenwert.html Stand: 15.02.1999.

[BEHNCKE 1996] BEHNCKE, ROLF; CIOLEK, ACHIM (1996). *Arbeiten Außerhalb der Werkstatt. Die Hamburger Arbeitsassistenz - ein Fachdienst Zur Beruflichen Integration Für Menschen mit Geistiger Behinderung.*. bidok - volltextbibliothek. Online im Internet.URL: http://bidok.uibk.ac.at./texte/integ2000-Arbeiten.html Stand: 24.02.2000.

[BEHNCKE 1998] BEHNCKE, ROLF; CIOLEK, ACHIM (1998). *Integration in Den Betrieben*. In: SCHULZE, HARTMUT; ET AL., Hrsg.: *Schule, Betriebe und Integration - Menschen mit Geistiger Behinderung Auf Dem Weg in Die Arbeitswelt*, Kap. III, S. 226–233. GEW-Hamburg, Hamburg.

[BIERMANN 1992] BIERMANN, BENNO (1992). *Soziale Arbeit Als Beruf: Institutionalisierung und Professionalisierung Sozialer Arbeit*. In: BIERMANN, BENNO ET AL., Hrsg.: *Soziologie - Gesellschaftliche Probleme und Sozialberufliches Handeln.*, S. 231–281. Luchterhand Verlag, Neuwied, Kriftel, Berlin.

[BÖHRINGER 1996] BÖHRINGER, KLAUS-PETER (1996). *Aufgaben und Möglichkeiten Zur Förderung Von Schulabgängern unter Dem Aspekt der Eingliederung in Die Arbeitswelt.* In: JACOBS, KURT, Hrsg.: *Beruf Ist Das Rückgrat Des Lebens*, S. 33–43. Reader zur Fachtagung der Gesellschaft Erwachsenenbildung und Behinderung, Frankfurt a.M.

[BÜHLER 1962] BÜHLER, CHARLOTTE (1962). *Psychologie im Leben Unserer Zeit.* Dröhmersche Verlagsanstalt Th. Knaur Nachf., München, Zürich.

[BUNDESANSTALTFÜRARBEIT 1996] BUNDESANSTALTFÜRARBEIT (1996). *Qualitätsanforderungen an Maßnahmen der Beruflichen Rehabilitation – ein Diskussionspapier..* In: BUNDESVEREINIGUNGLEBENSHILFEE.V., Hrsg.: *Werkstatt Für Behinderte. Ergänzbares Handbuch.*, S. 1–6. Lebenshilfe Verlag, Marburg.

[BUNDESMINISTERIUMDERJUSTIZ(HRSG.) 2001]
BUNDESMINISTERIUMDERJUSTIZ(HRSG.) (2001). *Bundesgesetzblatt Jahrgang 2001 Teil I Nr.27.* Bundesanzeiger Verlagsgesellschaft m.b.H, Bonn. ausgegeben zu Bonn am 22. Juni 2001.

[BUNDESMINISTERIUMFÜRARBEITUNDSOZIALORDNUNG 2000a]
BUNDESMINISTERIUMFÜRARBEITUNDSOZIALORDNUNG (2000a). *Eine Einstellung, Die Sich Auszahlt.* Bundesministerium für Arbeit und Sozialordnung. Referat Öffentlichkeitsarbeit und Kommunikation., Berlin.

[BUNDESMINISTERIUMFÜRARBEITUNDSOZIALORDNUNG 2000b]
BUNDESMINISTERIUMFÜRARBEITUNDSOZIALORDNUNG (2000b). *Ratgeber Für Behinderte Menschen.* Bundesministerium für Arbeit und Sozialordnung. Referat Öffentlichkeitsarbeit und Kommunikation., Berlin.

[BUNDESMINISTERIUMFÜRARBEITUNDSOZIALORDNUNG 2001a]
BUNDESMINISTERIUMFÜRARBEITUNDSOZIALORDNUNG (2001a). *SGB IX.* Walhalla Fachverlag, Regensburg, Berlin. Stand: 23.6.2001.

[BUNDESMINISTERIUMFÜRARBEITUNDSOZIALORDNUNG 2001b]
BUNDESMINISTERIUMFÜRARBEITUNDSOZIALORDNUNG (2001b). *Sozialgesetzbuch (SGB) Neuntes Buch (IX) - Rehabilitation und Teilhabe Behinderter Menschen - (860-9) Vom 19. Juni 2001 (BGBl. I S. 1046) [Kursive Texte*

Treten Zum 1.1.2002 in Kraft] Zuletzt Geändert Durch Artikel 66 Des Gesetzes Vom 19. Juni 2001 (BGBl. I S. 1046) Zuletzt Bearbeitet 25. Juni 2001. Online im Internet. URL: http://www.bma.de/download/gesetze/sgb09xinhalt.htm Stand: 01.10.2001.

[BUNDESVERBANDDERTRÄGERDERGESETZL.UNFALLVERSICHERUNG 2001] BUNDESVERBANDDERTRÄGERDERGESETZL.UNFALLVERSICHERUNG (2001). *Erstkommentierung Des Sozialgesetzbuches – Neuntes Buch - (SGB IX) - Rehabilitation und Teilhabe Behinderter Menschen*. Bundesverbände der Träger der gesetzlichen Unfallversicherung (Unfallversicherungsträger). Online im Internet.URL: http://www.hvbg.de/d/pages/presse/aktuell/sgb9.pdf Stand: 13.12.2001.

[BUNDESVEREINIGUNGLEBENSHILFEE.V 1999] BUNDESVEREINIGUNGLEBENSHILFEE.V (1999). *Ein Beruf Für Mich. Berufliche Ausbildung Für Menschen mit Geistiger Behinderung*. Lebenshilfe Verlag, Marburg, 2. Aufl.

[BUNDESVEREINIGUNGLEBENSHILFE(HRSG.) 1996] BUNDESVEREINIGUNGLEBENSHILFE(HRSG.) (1996). *Wege Zum Allgemeinen Arbeitsmarkt. Ergebnisbericht und Empfehlungen der Projektgruppe*. Lebenshilfe - Verlag, Marburg.

[BURTSCHER 1998] BURTSCHER, REINHARD (1998). *Berufliche Integration Ohne Emanzipation Ist ein Mißverständnis*. Erziehung Heute, 3a. Online im Internet. URL: http://bidok.uibk.ac.at/texte/weiss-emanzipation.html Stand: 21.10.1998.

[DEVER 1990] DEVER, R.B. (1990). *Defining Mental Retardation from an Instrumental Perspective*. Mental Retardation, 28,3:147–153.

[DOOSE 1998] DOOSE, STEFAN (1998). *Unterstützte Beschäftigung - Ein Neuer Weg der Integration im Arbeitsleben im Internationalen Vergleich*. Wiederveröffentlichung im Internet. BIDOK- Volltextbibliothek. URL: http://bidok.uibk.ac.at/texte/doose-vergleich.html Stand: 13.11.1998.

[DOOSE 1999] DOOSE, STEFAN (1999). *Schwerpunktthema: Neue Entwicklungen - Wer Steuert Wohin?*. impulse Nr. 12 / Juni 99. Wiederveröffentlichung im Internet. URL: http://bidok.uibk.ac.at/texte/imp12-99-entwicklung.html Stand: 14.8.1999.

[DOOSE 2000] DOOSE, STEFAN (2000). *Aktuelle Informationen Zur Novellierung Des Schwerbehindertengesetzes*. impulse, Nr. 15. Online im Internet. URL: http://bidok.uibk.ac.at/texte/imp15-00-novellierung.html Stand: 20.5.2000.

[DÖPP 1997] DÖPP, WILTRUD; SCHULZ, GERHILD (1997). *Wo Kommt der Schwung her?*. In: THURN, SUSANNE; TILLMANN, KLAUS-JÜRGEN, Hrsg.: *Unsere Schule Ist ein Haus Des Lernens.*, S. 279–298. Rowohlt Taschenbuch Verlag, Reinbek bei Hamburg.

[DRAVE 2000] DRAVE, WOLFGANG; RUMPLER, FRANZ; WACHTEL PETER (HRSG.) (2000). *Empfehlungen Zur Sonderpädagogischen Förderung*. Edition Bentheim, Würzburg.

[DUHM 1958] DUHM, ERNA (1958). *Entwicklung und Differenzierung*. In: THOMAE, HANS, Hrsg.: *Handbuch der Psychologie - in 12 Bänden*, Bd. 3, S. 220–236. Verlag für Psychologie, Hogrefe, Göttingen, 2. Aufl.

[ERIKSON 1965] ERIKSON, ERIK H. (1965). *Kindheit und Gesellschaft*. Ernst Klett Verlag, Stuttgart.

[ERIKSON 1970] ERIKSON, ERIK H. (1970). *Jugend und Krise*. Ernst Klett Verlag, Stuttgart.

[ERIKSON 1971] ERIKSON, ERIK H. (1971). *Identität und Lebenszyklus*. Suhrkamp Verlag, Frankfurt a.M.

[FACHPSYCHOLOGIEDERPÄDAGOGISCHENHOCHSCHULEHEIDELBERG 1989] FACHPSYCHOLOGIEDERPÄDAGOGISCHENHOCHSCHULEHEIDELBERG (1989). *Entwicklungspsychologie. Arbeitsblätter Zur Ausbildung und Weiterbildung Von Pädagogen*. Unveröffentlicht, Heidelberg, 8. Aufl.

[FEUSER 1996] FEUSER, GEORG (1996). *Zum Verhältnis Von Menschenbild und Integration- „Geistigbehinderte Gibt Es Nicht!"*. Vortrag vom 29.10.1996. Online im Internet. URL: http://bidok.uibk.ac.at/texte/menschenbild.html Stand: 12.12.99.

[FEUSER 1998] FEUSER, GEORG (1998). *Lebenslanges Lernen Für Menschen mit Geistiger Behinderung - Selbstbestimmung und Integration*. Vortrag vom 11.06.1998. Online im Internet. URL: http://bidok.uibk.ac.at/texte/lebenslanges.html Stand: 12.12.99.

[GEWERKSCHAFTERZIEHUNDUNDWISSENSCHAFTHAUPTVORSTAND 2000] GEWERKSCHAFTERZIEHUNDUNDWISSENSCHAFT HAUPTVORSTAND (2000). *Berufliche Bildung Von Benachteiligten Jungen Menschen*. Gewerkschaft Erziehung und Wissenschaft, Frankfurt a.M.

[GINNOLD 2000a] GINNOLD, ANTJE (2000a). *Schulende - Ende der Integration*. Luchterhand Verlag, Neuwied; Berlin.

[GINNOLD 2000b] GINNOLD, ANTJE; RADATZ, JOACHIM (2000b). *»Sprung-BRETT« Ins Arbeitsleben - Professionelle Beratung und Begleitung Für Jugendliche mit Lernschwierigkeiten Beim Übergang Von der Schule in Das Arbeitsleben.* Gemeinsam leben - Zeitschrift für integrative Erziehung, Nr. 01-00:S.1–11. Online im Internet. URL: ftp://ftp.uibk.ac.at/pub/uni-innsbruck/bidok/texte/gl1-00-sprungbrett.zip (RTF-Version) Stand: 10.5.2000.

[GLASSL 1996] GLASSL, THOMAS (1996). *Neue Wege und Möglichkeiten der Beruflichen Qualifizierung im Arbeitstrainingsbereich der Werkstätten Für Behinderte - Grundsätzliche Problematik Sowie Darstellung und Kritische Analyse Neuerer Qualifizierungsmodelle.* Diplomarbeit im Fach Pädagogik an der Johann Wolfgang Goethe-Universität in Frankfurt a.M.

[GOLL 1993] GOLL, HARALD (1993). *Heilpädagogische Musiktherapie.* Peter Lang Verlag, Frankfurt a.M.

[GOLL 1998] GOLL, JELENA (1998). *Neuere Ansätze Zum Verständnis Von Geistiger Behinderung.* In: GOLL, HARALD; GOLL, JELENA, Hrsg.: *Sebstbestimmung und Integration Als Lebensziel.*, S. 15–32. Verlag Wort im Bild, Hammersbach.

[GRAMPP 1996] GRAMPP, GERD (1996). *Menschen mit Geistiger Behinderung in der WfB.* In: BUNDESVEREINIGUNGLEBENSHILFEE.V., Hrsg.: *Werkstatt Für Behinderte. Ergänzbares Handbuch.*, S. 1–10. Lebenshilfe Verlag, Marburg.

[GRAMPP 1997] GRAMPP, GERD (1997). *Systemisch-Strukturgeleitetes Lernen in der Berufsorientierten Ausbildung.* In: LEBENSHILFEWERKMARBURG-BIEDENKOPF.E.V, Hrsg.: *Ausbildungsrichtlinien Für Die Berufsbildorientierte Ausbildung Zur/Zum Großküchenhelfer/in*, S. AnhangA1-9. Lahn-Werkstätten, Marburg.

[HAHN 1981] HAHN, MARTIN (1981). *Behinderung Als Soziale Abhängigkeit.* Ernst Reinhard Verlag, München.

[HAMBURGERARBEITSASSISTENZ(HRSG.) 1997]
HAMBURGERARBEITSASSISTENZ(HRSG.) (1997). *Konzept und Arbeitsweise.* unveröffentlicht, Hamburg.

[HAMBURGERARBEITSASSISTENZ(HRSG.) 1998]
HAMBURGERARBEITSASSISTENZ(HRSG.) (1998). *Konzept, Entwicklung und Perspektiven der Maßnahme Ambulantes Arbeitstraining und Integrationspraktikum.* unveröffentlicht, Hamburg.

[HESSISCHERKULTUSMINISTER 1983] HESSISCHERKULTUSMINISTER (1983). *Richtlinien Für Den Unterricht in der Schule Für Praktisch Bildbare.* Hessisches Kultusministerium, Wiesbaden.

[HESSISCHESKULTUSMINISTERIUM 1999] HESSISCHESKULTUSMINISTERIUM (1999). *Grundlagen der Sonderpädagogischen Förderung.* Hessisches Landesinstitut für Pädagogik (HeLP), Wiesbaden.

[HINZ 1997] HINZ, ANDREAS; LÜTTENSEE, JENS (1997). *Integrationsbetriebe - ein Weg Zur Beruflichen Integration Für Menschen mit Behinderung.* Unveröffentlichtes Skript zur Tagung des Arbeitsmarktservice Österreich in Salzburg, 9./10. Oktober 1997, „Behinderung Arbeitsmarkt? ". Online im Internet. URL: http://bidok.uibk.ac.at/texte/hinz-betrieb.html Stand: 25.12.2001.

[HORIZONARBEITSGRUPPE(HRSG.) 1999] HORIZONARBEITSGRUPPE(HRSG.) (1999). *Unterstützte Beschäftigung. Handbuch Zur Arbeitsweise Von Integrationsfachdiensten Für Menschen mit Geistiger Behinderung.* Horizon Arbeitsgruppe, Hamburg.

[INSTITUTDERDEUTSCHENWIRTSCHAFTKÖLN(HRSG.) 2001] INSTITUTDERDEUTSCHENWIRTSCHAFTKÖLN(HRSG.) (2001). *Rehadat. Informationssystem Zur Beruflischen Rehabilitation.* Datenbank auf CD-Rom. Version 2.12. URL: http://www.rehadat.de.

[JACOBS 1984] JACOBS, KURT (1984). *Autistische Jugendliche - Berufliche Bildung und Integration.* Verlag Dürrsche Buchhandlung, Bonn-Bad Godesberg.

[JACOBS 1988] JACOBS, KURT (1988). *Das Gegenwärtige System der Berufsbildung und Berufseingliederung Von Menschen mit Besonderen Lebenserschwernissen, Insbesondere unter Dem Aspekt der Beschäftigung in Den Werkstätten Für Behinderte (WfB).* In: ROSENBERGER, MANFRED, Hrsg.: *Ratgeber Gegen Aussonderung,* S. 176–198. Edition Schindele, Heidelberg, 1. Aufl.

[JACOBS 1993] JACOBS, KURT (1993). *Schulische Integration und Arbeitswelt-Gedanken Zur Didaktischen Ausgestaltung der Übergangsphase „Schule /Arbeitswelt" Sowie Zu Einer Integrationsorientierten Arbeitswelt.* LEHRER UND SCHULE HEUTE, 10:S.249–264.

[JACOBS 1998] JACOBS, KURT (1998). *Berufliche Qualifizierung und Integration Von Menschen mit (Geistiger) Behinderung unter Den Aspekten Von Kooperation und Vernetzung.* In: SCHMETZ, DITMAR; WACHTEL, PETER, Hrsg.: *Sonderpädagogischer Kongress 1998: Entwicklungen - Standorte - Perspektiven,* S. 364–374. vds-Bundesverband, Würzburg.

[JACOBS 1999a] JACOBS, KURT (1999a). *Berufliche Qualifizierung Von Menschen mit (Geistiger) Behinderung Für Den Arbeitsbereich der Werkstatt Für Behinderte und Für Betriebe Des Allgemeinen Arbeitsmarktes.* In: BIERMANNN, HORST; BONZ, BERNARD; RÜTZEL JOSEF, Hrsg.: *Beiträge Zur Didaktik der Berufsbildung Benachteiligter*, S. 203–217. Holland+Josenhans, Stuttgart.

[JACOBS 1999b] JACOBS, KURT; BRÖSSLER, MARKUS (HRSG.) (1999b). *Integrationsfachdienste in Hessen. Fazit Eines Modellprojektes.* Unveröffentlicht, Frankfurt a.M.

[JACOBS 1997] JACOBS, KURT; BRÖSSLER, MARKUS(HRSG.) (1997). *Aufbau Von Integrationsfachdiensten in Hessen: Sachstandsbericht Für Den Ersten Zeitraum Des Modellprojekts.* Unveröffentlicht, Frankfurt a.M.

[JANTZEN 1974] JANTZEN, WOLFGANG (1974). *Sozialisation und Behinderung.* Focus Verlag, Gießen.

[JANTZEN 1980] JANTZEN, WOLFGANG (1980). *Geistig Behinderte Menschen und Gesellschaftliche Integration.* Hans Huber-Verlag, Bern.

[JANTZEN 1986] JANTZEN, WOLFGANG (1986). *Abbild und Tätigkeit - Studien Zur Entwicklung Des Psychischen.* Jarick Oberbiel, Solms.

[KLAUSS 2000] KLAUSS, THEO (2000). *Kooperation mit Eltern in der Schule Für Geistigbehinderte.* In: KLAUSS, THEO, Hrsg.: *Aktuelle Themen der Schulichen Förderung*, S. 151–166. Universitätsverlag C. Winter, Heidelberg.

[KRATZER-MÜLLER 1997] KRATZER-MÜLLER, HEDWIG (1997). *Integration Von Beschäftigten Aus Werkstätten Für Behinderte in Den Allgemeinen Arbeitsmarkt.* impulse, 5/6:S.1–7. Online im Internet. URL:www.bidok.uibk.ac.at/impulse/975 _29.html Stand: 27.4.2000.

[LAHN-WERKSTÄTTENMARBURG(HRSG.) 1997] LAHN-WERKSTÄTTENMARBURG(HRSG.) (1997). *Ausbildungsrichtlinien Für Die Berufsorientierte Ausbildung Zur/Zum Großküchenhelferin.* Lebenshilfewerk Marburg-Biedenkopf e.V., Marburg.

[LÜTJE-KLOSE 1999] LÜTJE-KLOSE, BIRGIT; WILLENBRING, MONIKA (1999). *„Kooperation Fällt Nicht Vom Himmel" - Möglichkeiten der Unterstützung Kooperativer Prozesse in Teams Von Regelschullehrerin und Sonderpädagogin Aus Systemischer Sicht.* BEHINDERTENPÄDAGOGIK, 38. Jg., Heft 1/1999:2–31.

[MANSEL 1991] MANSEL, JÜRGEN; HURRELMANN, KLAUS (1991). *Alltagsstreß Bei Jugendlichen*. Juventa Verlag, Weinheim, München.

[NEEB 1999] NEEB, SIMONE (1999). *Innovatorische (Sonder-)Pädagogische Ansätze Zur Ausgestaltung der Übergangsphase Schule/Arbeitswelt–Dargestellt Am Beispiel der Integrationsfachdienste in Hessen*. unveröffentlicht, Frankfurt a.M. Wissenschaftliche Hausarbeit zur 1.Staatsprüfung für das Lehramt an Sonderschulen.

[OERTER 1998] OERTER, ROLF ; MONTADA, LEO (HRSG.) (1998). *Entwicklungspsychologie*. Psychologie Verlagsunion, Weinheim, 4. Aufl.

[PROJEKTBERUFLICHEINTEGRATION 1997] PROJEKTBERUFLICHEINTEGRATION (1997). *Abschlußbericht-I*. Unveröffentlicht, Frankfurt a.M.

[PROJEKTBERUFLICHEINTEGRATION 1998] PROJEKTBERUFLICHEINTEGRATION (1998). *Das Hessiche Modell der Beruflichen Eingliederung Aus Werkstätten Für Behinderte*. In: GOLL, HARALD; GOLL, JELENA, Hrsg.: *Sebstbestimmung und Integration Als Lebensziel*, S. 236–254. Wort im Bild, Hammersbach.

[PROJEKTBERUFLICHEINTEGRATION(PBI) 1994] PROJEKTBERUFLICHEINTEGRATION(PBI) (1994). *Sachstandsbericht Zum 1.Projektjahr*. Unveröffentlicht, Frankfurt a.M.

[PROJEKTBERUFLICHEINTEGRATION(PBI) 1995] PROJEKTBERUFLICHEINTEGRATION(PBI) (1995). *Zwei Jahre PBI - Zwischenbericht*. Unveröffentlicht, Frankfurt a.M.

[PROJEKTBERUFLICHEINTEGRATION(PBI) 1998] PROJEKTBERUFLICHEINTEGRATION(PBI) (1998). *Abschlussbericht II*. Unveröffentlicht, Frankurt a.M.

[SCHARTMANN 1999] SCHARTMANN, DIETER (1999). *Berufliche Integration Geistig Behinderter Menschen - Die Sicht der Betriebe*. GEMEINSAM LEBEN - ZEITSCHRIFT FÜR INTEGRATIVE ERZIEHUNG, 02/99. Online im Internet. URL: http://bidok.uibk.ac.at/texte/gl2-99-betriebe.html Stand: 04.10.1999.

[SCHARTMANN 2000] SCHARTMANN, DIETER (2000). *Der Übergang Von der Schule in Das Erwerbsleben - Möglichkeiten, Chancen und Risiken*. Gemeinsam leben - Zeitschrift für integrative Erziehung, 01:1–10.

[SCHARTMANN 2001] SCHARTMANN, DIETER (2001). *Berufliche Integration Als Zone der Nächsten Entwicklung*. BEHINDERTENPÄDAGOGIK, 40.Jg.(01/2001):S.35–66. Online im Internet.URL:http://bidok.uibk.ac.at/bhp1-01-integration.html Stand: 18.7.2001.

[SCHISCHKOFF 1982] SCHISCHKOFF, GEORGI(HRSG.) (1982). *Philosophisches Wörterbuch*. Alfred Kröner, Stuttgart, 21. Aufl.

[SCHOLDEI-KLIE 1999] SCHOLDEI-KLIE, MONIKA (1999). *Probleme Beim Übergang Von der Schule in Den Beruf in Hessen*. impulse, 14. Online im Internet. URL: http://bidok.uibk.ac.at/texte/imp14-99-probleme.html Stand: 16.02.2000.

[SCHOLDEI-KLIE 2000] SCHOLDEI-KLIE, MONIKA (2000). *Qualifizierungsmaßnahme Für Jugendliche mit Behinderung im Rahmen Von Fördereinzel-Maßnahmen und in Betrieben Des Allgemeinen Arbeitsmarkts*. impulse, 16:23–26.

[SCHOLDEI-KLIE 2001] SCHOLDEI-KLIE, MONIKA (2001). *Notwendige Assistenz im Übergang Schule - Beruf. Notwendige Assistenz im Übergang Schule - Beruf. Neue Chancen Für Menschen mit Lernschwierigkeiten*. ISL Politik Pressemeldungen Publikationen, 16. Online im Internet.URL:www.islev.org/94.html Stand: 01.12.2001.

[SCHULZE 1997] SCHULZE, HARTMUT ; ET AL. (HRSG.) (1997). *Schule, Betriebe und Integration - Menschen mit Geistiger Behinderung Auf Dem Weg in Die Arbeitswelt*. GEW - Hamburg, Hamburg. Online im Internet. URL:http://bidok.uibk.ac.at/texte/integ2000-Arbeiten.html Stand: 30.6.1998.

[SCHWARZMÜLLER 1994] SCHWARZMÜLLER, SIEGFRIED (1994). *Struktur-Niveauorientierte Didaktik im Berufsschulunterricht mit Schüler/-Innen Aus Werkstätten Für Behinderte - Ein Ansatz Zur Förderung Kognitiver, Sozialer und Affektiver Kompetenzen*. Vortrag bei den Hochschultagen Berufliche Bildung in München (TU) vom 15.-16.09.1994.

[SCHWARZMÜLLER 1997] SCHWARZMÜLLER, SIEGFRIED (1997). *Möglichkeiten der Förderung Geistig Beeinträchtigter Menschen Aus der Werkstatt Für Behinderte in der Berufsschule*. Leuchturm-Verlag, Alsbach.

[SCHWARZMÜLLER 2000] SCHWARZMÜLLER, SIEGFRIED (2000). *Berufsschulunterricht Für Behinderte Mitarbeiter Aus der Werkstatt Für Behinderte*. In: E.V., BUNDESVEREINIGUNG LEBENSHILFE, Hrsg.: *Werkstatt Für Behinderte. Ergänzbares Handbuch.*, S. D5, 1–9. Lebenshilfe Verlag, Marburg.

[SPECK 1998] SPECK, OTTO (1998). *System Heilpädagogik. Eine Ökologische Reflexive Grundlegung*. E. Reinhardt Verlag, München, 4. Aufl.

[THEUNISSEN 1999] THEUNISSEN, GEORG; GARLIPP, BIRGIT (1999). *Kompetente Eltern - Vergessen in der Professionalität der Behindertenarbeit ?*. Behinderte in Familie, Schule und Gesellschaft, 4/5. Wiederveröffentlichung im Internet. URL:http://bidok.uibk.ac.at/texte/beh4-99-vergessen.html Stand: 05.11.1999.

[THEUNISSEN 1998] THEUNISSEN, GEORG (1998). *Kooperationsdiskurs*. In: GOLL, HARALD; GOLL, JELENA, Hrsg.: *Selbstbestimmung und Integration Als Lebensziel. Grundfragen, Grundlagen und Umsetzungsmöglichkeiten Einer Inklusiven, Nicht Aussondernden Pädagogik Für Menschen mit Behinderungen.*, S. 120–149. Verlag Wort im Bild, Hammersbach.

[THEUNISSEN 1995] THEUNISSEN, GEORG; PLAUTE, WOLFGANG (1995). *Empowerment und Heilpädagogik. Ein Lehrbuch.* Lambertus Verlag, Freiburg im Breisgau.

[TRAUTMANN 2001] TRAUTMANN, CARMEN (2001). *Berufliche Qualifikation und Integration Von Berufsanwärtern mit Geistiger Behinderung in Kritischer Betrachtung der Traditionellen und Innovativen Ansätze Sowie der Schulischen Berufsvorbereitung.* unveröffentlicht, Frankfurt a.M. Wissenschafliche Hausarbeit zur Ersten Staatsprüfung für das Lehramt an Sonderschulen. Im Internet bei: www.diplomarbeiten24.de .

[VON DANIELS 1998] VON DANIELS, SUSANNE (1998). *Aspekte Zur Rolle Von LehrerInnen im Prozeß der Übergangsphase.* BIDOK - Volltextbibliothek. Online im Internet. URL: ftp://ftp.uibk.ac.at/pub/uni-innsbruck/bidok-/texte/uebergang.zip (RTF-Version) Stand: 01.10.1998.

[WEBER 2000] WEBER, THOMAS (2000). *Praktikumsbericht Für Das Hauptpraktikum im Diplom-Studium der Pädagogik.* Eingereicht bei der Johann-Wolfgang Goethe Universität, Frankfurt a.M. Unveröffentlicht.

[WENDT 2000] WENDT, SABINE (2000). *Integrationsfachdienste - Quo Vadis? Gesetzliche Verankerung Von Fachdiensten Für Die Berufliche Integration in Dem SGB IX.* Bundesvereinigung Lebenshilfe. Online im Internet. Stand: 25.11.2001.

[WOCKEN 1988] WOCKEN, HANS; ANTOR, GEORG; HINZ ANDREAS(HRSG.) (1988). *Integrationsklassen in Hamburger Grundschulen. - Bilanz Eines Schulversuchs.* Curio Verlag, Hamburg.

[ZIMBARDO 1995] ZIMBARDO, PHILIP G. (1995). *Psychologie.* Springer Verlag, Berlin, Heidelberg, New York, 6. Aufl.

Anhang

(Abdruck ohne Gewähr, alle Texte aus:
[BUNDESMINISTERIUM FÜR ARBEIT UND SOZIALORDNUNG 2001b].)

5.1 Der Integrationsfachdienst und seine Einbettung ins SGB IX

5.1.1 § 109 – Begriff und Personenkreis

§ 109

1. Integrationsfachdienste sind Dienste Dritter, die im Auftrag der Bundesanstalt für Arbeit, der Rehabilitationsträger und der Integrationsämter bei der Durchführung der Maßnahmen zur Teilhabe schwerbehinderter Menschen am Arbeitsleben beteiligt werden.

2. Schwerbehinderte Menschen im Sinne des Absatzes 1 sind insbesondere 1. schwerbehinderte Menschen mit einem besonderen Bedarf an arbeitsbegleitender Betreuung, 2. schwerbehinderte Menschen, die nach zielgerichteter Vorbereitung durch die Werkstatt für behinderte Menschen am Arbeitsleben auf dem allgemeinen Arbeitsmarkt teilhaben sollen und dabei auf aufwendige, personalintensive, individuelle arbeitsbegleitende Hilfen angewiesen sind sowie 3. schwerbehinderte Schulabgänger, die für die Aufnahme einer Beschäftigung auf dem allgemeinen Arbeitsmarkt auf die Unterstützung eines Integrationsfachdienstes angewiesen sind.

3. Ein besonderer Bedarf an arbeits- und berufsbegleitender Betreuung ist insbesondere gegeben bei schwerbehinderten Menschen mit geistiger oder seelischer Behinderung oder mit einer schweren Körper-, Sinnes- oder Mehrfachbehinderung, die sich im Arbeitsleben besonders nachteilig auswirkt und allein oder zusammen mit weiteren vermittlungshemmenden Umständen (Alter, Langzeitarbeitslosigkeit, unzureichende Qualifikation, Leistungsminderung) die Teilhabe am Arbeitsleben auf dem allgemeinen Arbeitsmarkt erschwert.

4. Der Integrationsfachdienst kann im Rahmen der Aufgabenstellung nach Absatz 1 auch zur beruflichen Eingliederung von behinderten Menschen, die nicht schwerbehindert sind, tätig werden.

5.1.2 § 110 – Aufgaben der Integrationsfachdienste

§ 110

1. Die Integrationsfachdienste können zur Teilhabe schwerbehinderter Menschen am Arbeitsleben (Aufnahme, Ausübung und Sicherung einer möglichst dauerhaften Beschäftigung) beteiligt werden, indem sie:

   (a) die schwerbehinderten Menschen beraten, unterstützen und auf geeignete Arbeitsplätze vermitteln,

   (b) die Arbeitgeber informieren, beraten und ihnen Hilfe leisten.

2. Zu den Aufgaben des Integrationsfachdienstes gehört es,

   (a) die Fähigkeiten der zugewiesenen schwerbehinderten Menschen zu bewerten und einzuschätzen und dabei ein individuelles Fähigkeits-, Leistungs- und Interessenprofil zur Vorbereitung auf den allgemeinen Arbeitsmarkt in enger Kooperation mit den schwerbehinderten Menschen, dem Auftraggeber und der abgebenden Einrichtung der schulischen oder beruflichen Bildung oder Rehabilitation zu erarbeiten,

   (b) geeignete Arbeitsplätze (§ 73) auf dem allgemeinen Arbeitsmarkt zu erschließen,

   (c) die schwerbehinderten Menschen auf die vorgesehenen Arbeitsplätze vorzubereiten,

   (d) die schwerbehinderten Menschen, solange erforderlich, am Arbeitsplatz oder beim Training der berufspraktischen Fähigkeiten am konkreten Arbeitsplatz zu begleiten,

   (e) mit Zustimmung des schwerbehinderten Menschen die Mitarbeiter im Betrieb oder in der Dienststelle über Art und Auswirkungen der Behinderung und über entsprechende Verhaltensregeln zu informieren und zu beraten,

   (f) eine Nachbetreuung, Krisenintervention oder psychosoziale Betreuung durchzuführen sowie

   (g) als Ansprechpartner für die Arbeitgeber zur Verfügung zu stehen.

5.1.3 § 111 – Beauftragung und Verantwortlichkeit

§ 111

1. Die Integrationsfachdienste werden im Auftrag der Bundesanstalt für Arbeit, der Integrationsämter oder Rehabilitationsträger tätig. Diese bleiben für die Ausführung der Leistung verantwortlich.

2. Im Auftrag legt der Auftraggeber in Abstimmung mit dem Integrationsfachdienst Art, Umfang und Dauer des im Einzelfall notwendigen Einsatzes des Integrationsfachdienstes sowie das Entgelt fest.

3. Der Integrationsfachdienst arbeitet insbesondere mit:

   (a) zuständigen Stellen im Arbeitsamt,

   (b) dem Integrationsamt,

   (c) dem zuständigen Rehabilitationsträger, insbesondere den Berufshelfern der gesetzliche Unfallversicherung

   (d) dem Arbeitgeber, der Schwerbehindertenvertretung und den anderen betrieblichen Interessenvertretungen,

   (e) der abgebenden Einrichtung der schulischen oder beruflichen Bildung oder Rehabilitation mit ihren leitenden Diensten und internen Integrationsfachkräften oder -diensten zur Unterstützung von Teilnehmenden an Leistungen zur Teilhabe am Arbeitsleben,

   (f) wenn notwendig auch mit anderen Stellen und Personen eng zusammen.

4. Näheres zur Beauftragung, Zusammenarbeit, fachlichen Leitung, Aufsicht sowie zur Qualitätssicherung, und Ergebnisbeobachtung wird zwischen dem Auftraggeber und dem Träger des Integrationsfachdiens unter Berücksichtigung der Grundsätze des § 93 des Dritten Buches auf der Grundlage einer bundesweiten Mustervereinbarung, die die Bundesanstalt für Arbeit entwickelt und im Rahmen der nach § 101 gebotenen Zusammenarbeit mit der Arbeitsgemeinschaft, in der sich die Integrationsämter zusammengeschlossen haben, unter Beteiligung der maßgeblichen Verbände, darunter der Bundesarbeitsgemeinschaft, in der die Integrationsfachdienste zusammengeschlossen haben, abgestimmt hat, vertraglich geregelt. Die Vereinbarungen sollen im Interesse finanzieller Planungssicherheit auf eine Dauer von mindestens drei Jahren abgeschlossen werden.

5. Die Bundesanstalt für Arbeit wirkt darauf hin, dass Integrationsfachdienste in ausreichender Zahl eingerichtet werden. Grundsätzlich soll in jedem Arbeitsamtsbezirk nur ein Integrationsfachdienst eines Trägers oder eines Verbundes verschiedener Träger beauftragt werden, der berufsbegleitende und

psychosoziale Dienste umfasst, trägerübergreifend tätig wird und auch von dem regional zuständigen Integrationsamt beauftragt ist.

5.2 Integrationsprojekte

5.2.1 § 132 – Begriff und Personenkreis

§ 132

1. Integrationsprojekte sind rechtlich und wirtschaftlich selbständige Unternehmen (Integrationsunternehmen) oder unternehmensinterne oder von öffentlichen Arbeitgebern im Sinne des § 71 Abs. 3 geführte Betriebe (Integrationsbetriebe) oder Abteilungen (Integrationsabteilungen) zur Beschäftigung schwerbehinderter Menschen auf dem allgemeinen Arbeitsmarkt, deren Teilhabe an einer sonstigen Beschäftigung auf dem allgemeinen Arbeitsmarkt auf Grund von Art oder Schwere der Behinderung oder wegen sonstiger Umstände voraussichtlich trotz Ausschöpfens aller Fördermöglichkeiten und des Einsatzes von Integrationsfachdiensten auf besondere Schwierigkeiten stößt.

2. Schwerbehinderte Menschen nach Absatz 1 sind insbesondere 1. schwerbehinderte Menschen mit geistiger oder seelischer Behinderung oder mit einer schweren Körper-, Sinnes- oder Mehrfachbehinderung, die sich im Arbeitsleben besonders nachteilig auswirkt und allein oder zusammen mit weiteren vermittlungshemmenden Umständen die Teilhabe am allgemeinen Arbeitsmarkt außerhalb eines Integrationsprojekts erschwert oder verhindert, 2. schwerbehinderte Menschen, die nach zielgerichteter Vorbereitung in einer Werkstatt für behinderte Menschen oder in einer psychiatrischen Einrichtung für den Übergang in einen Betrieb oder eine Dienststelle auf dem allgemeinen Arbeitsmarkt in Betracht kommen und auf diesen Übergang vorbereitet werden sollen, sowie 3. schwerbehinderte Menschen nach Beendigung einer schulischen Bildung, die nur dann Aussicht auf eine Beschäftigung auf dem allgemeinen Arbeitsmarkt haben, wenn sie zuvor in einem Integrationsprojekt an berufsvorbereitenden Bildungsmaßnahmen teilnehmen und dort beschäftigt und weiterqualifiziert werden.

3. Integrationsunternehmen beschäftigen mindestens 25 Prozent schwerbehinderte Menschen im Sinne von Absatz 1. Der Anteil der schwerbehinderten Menschen soll in der Regel 50 Prozent nicht übersteigen.

5.2.2 § 133 – Aufgaben

§ 133

Die Integrationsprojekte bieten den schwerbehinderten Menschen Beschäftigung und arbeitsbegleitende Betreuung an, soweit erforderlich auch Maßnahmen der beruflichen Weiterbildung oder Gelegenheit zur Teilnahme an entsprechenden außerbetrieblichen Maßnahmen und Unterstützung bei der Vermittlung in eine sonstige Beschäftigung in einem Betrieb oder einer Dienststelle auf dem allgemeinen Arbeitsmarkt sowie geeignete Maßnahmen zur Vorbereitung auf eine Beschäftigung in einem Integrationsprojekt.

5.2.3 § 134 – Finanzielle Leistungen

§ 134

Integrationsprojekte können aus Mitteln der Ausgleichsabgabe Leistungen für Aufbau, Erweiterung, Modernisierung und Ausstattung einschließlich einer betriebswirtschaftlichen Beratung und für besonderen Aufwand erhalten.
[BUNDESMINISTERIUMFÜRARBEITUNDSOZIALORDNUNG 2001a, S.148ff]

5.3 Werkstättenverordnung

§ 3 – Eingangsbereich

1. Die Werkstatt führt im Benehmen mit dem zuständigen Rehabilitationsträger Eingangsverfahren durch. Aufgabe des Eingangsverfahrens ist es festzustellen, ob die Werkstatt die geeignete Einrichtung zur Teilhabe behinderter Menschen am Arbeitsleben und zur Eingliederung in das Arbeitsleben im Sinne des § 136 des Neunten Buches Sozialgesetzbuch ist, sowie welche Bereiche der Werkstatt und welche Leistungen zur Teilhabe am Arbeitsleben und ergänzende Leistungen oder Leistungen zur Eingliederung in das Arbeitsleben in Betracht kommen und einen Eingliederungsplan zu erstellen.

2. Das Eingangsverfahren dauert im Einzelfall bis zu drei Monate. Es dauert bis zu vier Wochen, wenn die notwendigen Feststellungen in dieser Zeit getroffen werden können.

3. Zum Abschluss des Eingangsverfahrens gibt der Fachausschuss auf Vorschlag des Trägers der Werkstatt und nach Anhörung des behinderten Menschen, gegebenenfalls auch seines gesetzlichen Vertreters, unter Würdigung aller Umstände des Einzelfalles, insbesondere der Persönlichkeit des behinderten Menschen und seines Verhaltens während des Eingangsverfahrens, eine Stellungnahme gemäß Absatz 1 gegenüber dem zuständigen Rehabilitationsträger ab. Das Eingangsverfahren endet frühestens mit Ablauf des Tages, an dem die Werkstatt von der Entscheidung des zuständigen Rehabilitationsträgers Kenntnis erhält.

4. Kommt der Fachausschuss zu dem Ergebnis, dass die Werkstatt für behinderte Menschen nicht geeignet ist, soll er zugleich eine Empfehlung aussprechen, welche andere Einrichtung oder sonstige Maßnahmen für den behinderten Menschen in Betracht kommen. Er soll sich auch dazu äußern, nach welcher Zeit eine Wiederholung des Eingangsverfahrens zweckmäßig ist und welche Maßnahmen und welche anderen Leistungen zur Teilhabe in der Zwischenzeit durchgeführt werden sollen.

§ 4 – Berufsbildungsbereich

1. Die Werkstatt führt im Benehmen mit dem im Berufsbildungsbereich und dem im Arbeitsbereich zuständigen Rehabilitationsträger Maßnahmen im Berufsbildungsbereich (Einzelmaßnahmen und Lehrgänge) zur Verbesserung der Teilhabe am Arbeitsleben unter Einschluss angemessener Maßnahmen zur Weiterentwicklung der Persönlichkeit des behinderten Menschen durch. Sie fördert die behinderten Menschen so, dass sie spätestens nach Teilnahme an Maßnahmen des Berufsbildungsbereichs in der Lage sind, wenigstens ein Mindestmaß wirtschaftlich verwertbarer Arbeitsleistung im Sinne des § 136 Abs. 2 des Neunten Buches Sozialgesetzbuch zu erbringen.

2. Das Angebot an Leistungen zur Teilhabe am Arbeitsleben soll möglichst breit sein, um Art und Schwere der Behinderung, der unterschiedlichen Leistungsfähigkeit, Entwicklungsmöglichkeit sowie Eignung und Neigung der behinderten Menschen soweit wie möglich Rechnung zu tragen.

3. Die Lehrgänge sind in einen Grund- und einen Aufbaukurs von in der Regel je zwölfmonatiger Dauer zu gliedern.

4. Im Grundkurs sollen Fertigkeiten und Grundkenntnisse verschiedener Arbeitsabläufe vermittelt werden, darunter manuelle Fertigkeiten im Umgang mit verschiedenen Werkstoffen und Werkzeugen und Grundkenntnisse über Werkstoffe und Werkzeuge. Zugleich sollen das Selbstwertgefühl des behinderten Menschen und die Entwicklung des Sozial- und Arbeitsverhaltens gefördert sowie Schwerpunkte der Eignung und Neigung festgestellt werden.

5. Im Aufbaukurs sollen Fertigkeiten mit höherem Schwierigkeitsgrad, insbesondere im Umgang mit Maschinen, und vertiefte Kenntnis über Werkstoffe und Werkzeuge vermittelt sowie die Fähigkeit zu größerer Ausdauer und Belastung und zur Umstellung auf unterschiedliche Beschäftigungen im Arbeitsbereich geübt werden.

6. Rechtzeitig vor Beendigung einer Maßnahme im Sinne des Absatzes 1 Satz 1 hat der Fachausschuss gegenüber dem zuständigen Rehabilitationsträger eine Stellungnahme dazu abzugeben, ob

(a) die Teilnahme an einer anderen oder weiterführenden beruflichen Bildungsmaßnahme oder

(b) eine Wiederholung der Maßnahme im Berufsbildungsbereich oder

(c) eine Beschäftigung im Arbeitsbereich der Werkstatt oder auf dem allgemeinen Arbeitsmarkt einschließlich einem Integrationsprojekt (§ 132 des Neunten Buches Sozialgesetzbuch)

zweckmäßig erscheint. Das Gleiche gilt im Falle des vorzeitigen Abbruchs oder Wechsels der Maßnahme im Berufsbildungsbereich sowie des Ausscheidens aus der Werkstatt. Im übrigen gilt § 3 Abs. 3 entsprechend.

§ 5 – Arbeitsbereich

1. Die Werkstatt soll über ein möglichst breites Angebot an Arbeitsplätzen verfügen, um Art und Schwere der Behinderung, der unterschiedlichen Leistungsfähigkeit, Entwicklungsmöglichkeit sowie Eignung und Neigung der behinderten Menschen soweit wie möglich Rechnung zu tragen.

2. Die Arbeitsplätze sollen in ihrer Ausstattung soweit wie möglich denjenigen auf dem allgemeinen Arbeitsmarkt entsprechen. Bei der Gestaltung der Plätze und der Arbeitsabläufe sind die besonderen Bedürfnisse der behinderten Menschen soweit wie möglich zu berücksichtigen, um sie in die Lage zu versetzen, wirtschaftlich verwertbare Arbeitsleistungen zu erbringen. Die Erfordernisse zur Vorbereitung für eine Vermittlung auf dem allgemeinen Arbeitsmarkt sind zu beachten.

3. Zur Erhaltung und Erhöhung der im Berufsbildungsbereich erworbenen Leistungsfähigkeit und zur Weiterentwicklung der Persönlichkeit des behinderten Menschen sind arbeitsbegleitend geeignete Maßnahmen durchzuführen.

4. Der Übergang von behinderten Menschen auf den allgemeinen Arbeitsmarkt ist durch geeignete Maßnahmen zu fördern, insbesondere auch durch die Einrichtung einer Übergangsgruppe mit besonderen Förderangeboten, Entwicklung individueller Förderpläne sowie Ermöglichung von Trainingsmaßnahmen, Betriebspraktika und durch eine zeitweise Beschäftigung auf ausgelagerten Arbeitsplätzen. Dabei hat die Werkstatt die notwendige arbeitsbegleitende Betreuung in der Übergangsphase sicherzustellen und darauf hinzuwirken, dass der zuständige Rehabilitationsträger seine Leistungen und nach dem Ausscheiden des behinderten Menschen aus der Werkstatt das Integrationsamt, gegebenenfalls unter Beteiligung eines Integrationsfachdienstes, die begleitende Hilfe im Arbeits- und Berufsleben erbringen. Die Werkstatt hat die

Bundesanstalt für Arbeit bei der Durchführung der vorbereitenden Maßnahmen in die Bemühungen zur Vermittlung auf den allgemeinen Arbeitsmarkt einzubeziehen.

5. Der Fachausschuss wird bei der Planung und Durchführung von Maßnahmen nach den Absätzen 3 und 4 beteiligt. Er gibt auf Vorschlag des Trägers der Werkstatt oder des zuständigen Rehabilitationsträgers in regelmäßigen Abständen, wenigstens einmal jährlich, gegenüber dem zuständigen Rehabilitationsträger eine Stellungnahme dazu ab, welche behinderten Menschen für einen Übergang auf den allgemeinen Arbeitsmarkt in Betracht kommen und welche übergangsfördernden Maßnahmen dazu erforderlich sind. Im Übrigen gilt § 3 Abs. 3 entsprechend.

§ 9 – Werkstattleiter, Fachpersonal zur Arbeits- und Berufsförderung

1. Die Werkstatt muss über die Fachkräfte verfügen, die erforderlich sind, um ihre Aufgaben entsprechend den jeweiligen Bedürfnissen der behinderten Menschen, insbesondere unter Berücksichtigung der Notwendigkeit einer individuellen Förderung von behinderten Menschen, erfüllen zu können.

2. Der Werkstattleiter soll in der Regel über einen Fachhochschulabschluss im kaufmännischen oder technischen Bereich oder einen gleichwertigen Bildungsstand, über ausreichende Berufserfahrung und eine sonderpädagogische Zusatz-Qualifikation verfügen. Entsprechende Berufsqualifikationen aus dem sozialen Bereich reichen aus, wenn die zur Leitung einer Werkstatt erforderlichen Kenntnisse und Fähigkeiten im kaufmännischen und technischen Bereich anderweitig erworben worden sind. Die sonderpädagogische Zusatzqualifikation kann in angemessener Zeit durch Teilnahme geeigneter Fortbildungsmaßnahmen nachgeholt werden.

3. Die Zahl der Fachkräfte zur Arbeits- und Berufsförderung im Berufsbildungs- und Arbeitsbereich richtet sich nach der Zahl und der Zusammensetzung der behinderten Menschen sowie der Art der Beschäftigung und der technischen Ausstattung des Arbeitsbereichs. Das Zahlenverhältnis von Fachkräften zu behinderten Menschen soll im Berufsbildungsbereich 1:6, im Arbeitsbereich 1:12 betragen. Die Fachkräfte sollen in der Regel Facharbeiter, Gesellen oder Meister mit einer mindestens zweijährigen Berufserfahrung in Industrie oder Handwerk sein; sie müssen pädagogisch geeignet sein und über eine sonderpädagogische Zusatzqualifikation verfügen. Entsprechende Berufsqualifikationen aus dem pädagogischen oder sozialen Bereich reichen aus, wenn die für eine Tätigkeit als Fachkraft erforderlichen sonstigen Kenntnisse und Fähigkeiten für den Berufsbildungs- und Arbeitsbereich anderweitig erworben worden sind. Absatz 2 Satz 3 gilt entsprechend.

4. Zur Durchführung des Eingangsverfahrens sollen Fachkräfte des Berufsbildungsbereichs und der begleitenden Dienste eingesetzt werden, sofern der zuständige Rehabilitationsträger keine höheren Anforderungen stellt.

§ 10 – Begleitende Dienste

1. Die Werkstatt muss zur pädagogischen, sozialen und medizinischen Betreuung der behinderten Menschen über begleitende Dienste verfügen, die den Bedürfnissen der behinderten Menschen gerecht werden. Eine erforderliche psychologische Betreuung ist sicherzustellen. § 9 Abs. 1 gilt entsprechend.

2. Für je 120 behinderte Menschen sollen in der Regel ein Sozialpädagoge oder ein Sozialarbeiter zur Verfügung stehen, darüber hinaus im Einvernehmen mit den zuständigen Rehabilitationsträgern pflegerische, therapeutische und nach Art und Schwere der Behinderung sonst erforderliche Fachkräfte.

3. Die besondere ärztliche Betreuung der behinderten Menschen in der Werkstatt und die medizinische Beratung des Fachpersonals der Werkstatt durch einen Arzt, der möglichst auch die an einen Betriebsarzt zu stellenden Anforderungen erfüllen soll, müssen vertraglich sichergestellt sein.

§ 11 – Fortbildung

Die Werkstatt hat dem Fachpersonal nach den §§ 9 und 10 Gelegenheit zur Teilnahme an Fortbildungsmaßnahmen zu geben.

www.ingramcontent.com/pod-product-compliance
Lightning Source LLC
Chambersburg PA
CBHW020124010526
44115CB00008B/962